Marie-Laure Cuzacq

LE BONHEUR

Apprendre à être heureux

EDITIONS ESI

Sommaire

■ Introduction....9

■ Le bonheur : une définition impossible ?....11

■ À quoi le bonheur sert-il ?....17

■ Le diktat du bonheur....23

■ Bonheur et cultures....29

■ L'argent : clef du bonheur ?....35

■ Les schémas psychologiques toxiques....41

■ La culpabilité comme seconde nature....47

■ L'hyper-dépendance : le bonheur assisté....53

■ Prendre soin de son corps....59

■ Stimuler sa créativité !....65

■ Faire la part belle aux relations positives....71

■ Savoir profiter du présent....77

■ S'aimer pour être heureux 83

■ Mieux gérer sa culpabilité 89

■ Les avantages de l'optimisme 95

■ Cultiver son optimisme 101

■ Pardon et bonheur 107

■ Mode d'emploi du pardon 113

■ Privilégier le bonheur au pluriel 119

■ Montrer son bonheur ! 125

■ Donner un sens à sa vie 131

■ Bonheur et valeurs 137

■ Savoir se fixer des objectifs 143

■ S'engager à agir 149

■ À chacun son bonheur 155

Le bonheur

Pourquoi le bonheur ?

Un livre sur le bonheur ? Mais pourquoi donc ? Pour tenter de répondre à quelques questions. Le bonheur est-il le but de notre vie sur terre ? Qu'est-ce qui le caractérise ? Qu'est-ce qui l'empêche de s'épanouir ? Pourquoi certaines personnes semblent-elles avoir un « abonnement » au bonheur ? Pourquoi ai-je moi-même des difficultés avec le bonheur ? Ces questions, et beaucoup d'autres sûrement, vous vous les posez peut-être. Et vous n'êtes pas la ou le seul(e).

Le bonheur n'est pas un luxe réservé à quelques élites privilégiées. La recherche du bonheur est un aspect primordial de notre vie à tous, plus encore que la richesse, la gloire ou l'âme sœur. La notion de bonheur transcende tous les domaines de notre vie, nos pensées, nos motivations. C'est à la fois quelque chose de totalement abstrait et de complètement concret, d'extrêmement complexe et de lumineusement simple...

Une branche de la psychologie, la psychologie dite « positive », s'est même spécialisée dans l'étude du bonheur, ses causes et ses conséquences. Pour être plus exact, la psychologie positive, contrairement à la psychologie classique, s'intéresse à l'être humain bien portant (et non à l'être humain malade, en détresse, psychologiquement perturbé). L'étude de ces personnes que l'on pourrait qualifier de « normales » permet ainsi de déterminer les éléments qui font qu'un individu est bien dans sa peau, heureux, ce qui peut se révéler utile pour aider tous ceux qui ne le sont pas, pour les aider à mettre en place des stratégies de vie plus adaptées, moins douloureuses.

Nous allons tenter, tout au long de ces quelques chapitres, d'expliquer les mécanismes du bonheur à l'aide des avancées significatives de la psychologie positive. Nous verrons également les grains de sables qui peuvent enrayer cette mécanique fragile. Et nous présenterons enfin les différents outils à notre disposition pour essayer d'améliorer chaque jour notre propension au bonheur...

À vous de jouer !

Le bonheur : une définition impossible ?

« Mais qu'est-ce que le bonheur ? Il faudrait d'abord le définir et une définition du bonheur est encore moins évidente qu'une définition du progrès. »

Jean Bruller, dit Vercors

Témoignages

« Le bonheur, pour moi, c'est de regarder grandir ma fille de trois ans, Chloé. C'est assister à ses premiers pas, essayer de reconnaître ses premiers mots, entendre ses rires et voir l'émerveillement dans ses yeux bleus tout ronds. Je n'aurais jamais cru ressentir cela un jour. C'est comme une vague qui emporte, qui renverse toutes les certitudes, toutes les valeurs auxquelles on s'accrochait. Avant d'avoir ma fille, j'étais assez carriériste. Je suis tombée enceinte "au mauvais moment". J'ai même hésité à garder le bébé : on me proposait un poste très important à l'étranger. Et puis je n'ai pas pu avorter, c'était au-dessus de mes forces. Enfin, cela a changé ma vie. J'ai été heureuse avant : quand je me suis mariée, quand j'ai décroché mon premier job ou des contrats juteux, mais cela n'avait rien à voir avec ce que je ressens maintenant. Je n'échangerais jamais ma place de mère, même pour tout l'or du monde. Pour moi, maintenant, le bonheur, c'est ma famille, et particulièrement l'amour de et envers ma fille. »

Constance, 34 ans

« Pour moi, le bonheur, c'est quand je réussis à retranscrire sur la toile exactement ce que j'ai dans la tête. Je suis peintre, et je prépare une expo qui doit avoir lieu dans trois mois. Les moments où je suis le plus heureux sont souvent dus à de petits détails réussis : une belle lumière dans les cheveux, un dégradé parfait, une expression bien reproduite. Alors je regarde mon travail et je suis content de moi, pleinement satisfait. »

Nicolas, 29 ans

« J'ai une conception peut-être un peu particulière du bonheur. J'ai choisi de rester un électron libre, sans plan de carrière bien défini, afin de pouvoir voyager et bouger à mon gré sans m'embarrasser de trop de contingences matérielles. J'ai acheté il y a des années un petit studio à côté d'Orléans pour avoir un pied à terre. Je me débrouille pour travailler à fond pendant six à huit mois dans l'année, et je voyage le reste du temps. Le bonheur, pour moi, c'est quand je choisis un pays, et que je prépare mon voyage : l'anticipation du plaisir fait partie du plaisir. Je n'en perds pas une miette… Je ne laisserais personne préparer mon voyage à ma place ! Et puis le vrai bonheur, c'est quand tu arrives dans le pays en question et que rien ne se passe comme prévu… »

Guillaume, 46 ans

Un peu de théorie

Plus qu'un mot, un symbole

Écrire sur le bonheur n'est pas aisé. Écrire afin de le définir l'est encore moins ! Le bonheur, c'est un peu comme la liberté, la justice, l'égalité, le progrès, l'amour. Il est facile de ressentir (ou de ne pas ressentir) du bonheur ou de l'amour. Mais comment définir cette sensation ? Et comment faire de cette définition bien personnelle une définition universelle ? Comme les mots « liberté » ou « justice », le mot « bonheur » est d'ailleurs devenu, au fil des siècles, un symbole. On peut se battre pour avoir droit au bonheur, comme on se bat pour avoir droit à la liberté, à la justice, à l'égalité. Bien que ces mots ne fassent pas forcément résonner les mêmes cordes pour tout le monde… et ne se traduisent pas par les mêmes actes. En effet, comme tous les symboles, nous projetons dessus nos affects, nos désirs, nos émotions, nos manques, nos ambitions, nos valeurs, nos frustrations. Chacun de nous, en idéalisant le bonheur à sa façon, le personnalise de manière à ce qu'il lui corresponde. Le bonheur est à la fois unique et pluriel.

Comment le définir ?

En effet, entre Constance, Nicolas et Guillaume, qui a la meilleure définition du bonheur ? Qui peut se targuer de ressentir plus de bonheur que les autres ? Comment peut-on, à travers ces trois (et bien d'autres) témoignages, faire ressortir une vérité plus large, plus objective, plus « scientifique » peut-être ? Et comment utiliser ces « vérités » pour aider son prochain en manque de bonheur ?

C'est la question que se sont posée, et se posent encore, les scientifiques, psychologues, et philosophes qui ont essayé d'appréhender ce concept de bonheur. Et, comme souvent, le meilleur moyen pour avoir une vue globale sur un concept complexe est de le découper, de le fractionner en une série de concepts plus simples, et donc plus facilement identifiables, mesurables, « analysables »… Ainsi, la manière la plus aisée d'appréhender le bonheur est d'identifier les divers éléments qui le composent et le caractérisent pour pouvoir, in fine, déterminer les facteurs qui le favorisent. Dans le même ordre d'idées, il est également important de déceler ce qui peut empêcher l'émergence du bonheur chez quelqu'un, afin d'éventuellement trouver une parade efficace pour lever ces freins au bonheur… Tout un programme !

Et s'il fallait quand même définir le bonheur ?

Si nous prenons l'étymologie du mot bonheur, ce mot se résume à la bonne fortune, la bonne chance. Nous pouvons en déduire qu'à l'origine, le bonheur tel que nous le connaissons était en quelque sorte vu comme une fatalité ou un hasard, et que l'on ne pouvait en aucun cas choisir ou construire son bonheur. Cette vision du bonheur correspondait bien à une société très hiérarchisée, où chaque destin était prédéterminé par la classe sociale, ou le sexe des individus.

Au fil des siècles, le sens du mot bonheur s'est enrichi, pour définir un état spirituel et corporel, et « last but not least », un état qui pouvait éventuellement être provoqué intentionnellement, construit. À l'heure actuelle, nous arrivons presque à un extrême ! Il est par exemple courant d'entendre dire d'une personne malheureuse : « elle ne fait rien pour sortir de son malheur » ou « quand on veut on peut ». Nous sommes ainsi passés d'une mentalité extrêmement fataliste (« Dieu l'a voulu ainsi ») à une société où le libre arbitre est invoqué en toutes occasions, et parfois même de façon déplacée… Cependant, ces deux significations du bonheur sont arrivées jusqu'à notre époque. Nous pouvons ainsi opérer une première « catégorisation » du bonheur. D'un côté, nous parlerons d'un bonheur spontané ou reçu, c'est-à-dire un moment de bonheur impromptu. Chacun de nous l'a déjà ressenti devant un coucher de soleil particulièrement splendide, ou après l'annonce d'une excellente nouvelle. C'est finalement un bonheur assez passif (ce qui, étant dit, n'enlève rien à sa valeur !). La deuxième « catégorie » de bonheur serait un bonheur plus actif, dit « construit », où l'individu a agi dans le but d'être heureux. Nous verrons que ces deux bonheurs, loin d'être ennemis se complètent l'un l'autre en multipliant ainsi les occasions de nous sentir heureux…

À RETENIR

Le bonheur unique et pluriel

Si l'on interroge cent personnes sur la signification qu'elles donnent au mot bonheur, ces cent personnes répondraient certainement quelque chose de différent les unes des autres. Le bonheur a bien une définition officielle, mais finalement il a autant de définitions qu'il y a de personnes vivant sur terre !

Plusieurs définitions partielles pour une vision globale

Même si le bonheur diffère selon les individus, les psychologues ont pu, à travers des recherches de plus en plus nombreuses, définir les facteurs favorisant le bonheur et ceux le réduisant, notamment pour aider les personnes souffrant d'un manque de bonheur.

Deux sortes de bonheur

Dans un premier temps, nous pouvons déjà faire la différence entre un bonheur construit, voulu, provoqué, et un bonheur plus passif, contemplatif. Les deux peuvent évidemment se conjuguer, et il est même recommandé de le faire pour maximiser ses chances d'être heureux plus souvent…

À quoi le bonheur sert-il ?

« J'ai décidé d'être heureux parce que c'est bon pour la santé. »

Voltaire

Témoignage

« À quoi sert le bonheur ? Je suppose que c'est un but, une motivation pour nous, les humains. Je dirais que sans bonheur, on n'aurait tout simplement pas envie de continuer ! La vie est tellement difficile quelquefois qu'on a besoin de ces moments privilégiés pour garder le moral !

En règle générale, je suis plutôt heureux et de bonne humeur. Mais quand ça ne va pas, j'ai besoin de pouvoir me dire que ce n'est qu'un mauvais moment à passer et qu'il faut juste prendre mon mal en patience. Ça m'aide beaucoup, par exemple, de savoir qu'après une mauvaise semaine au travail, je vais pouvoir profiter de ma famille le week-end : aller à la plage, faire la cuisine, jouer avec mes enfants, oublier le boulot.

Non pas que je n'aime pas mon travail, mais c'est loin d'être toute ma vie, heureusement ! D'ailleurs, cette attitude est assez récente pour moi. J'ai longtemps été un véritable bourreau de travail, au bureau on m'appelait "le bulldozer", pour vous dire ma réputation ! Mais ma femme a eu un cancer du sein (dépisté à temps et dont elle a heureusement guéri). Cela a complètement bouleversé nos petites habitudes bien ancrées dans le quotidien. Et j'ai dû réappren-

dre à m'occuper de la maison, et des enfants bien sûr. Au début, ça a été dur de tout concilier, mais au fur et à mesure, j'ai appris à apprécier ces moments-là aussi, comme aller chercher les enfants à l'école, leur donner le goûter, leur faire prendre le bain... et maintenant ça me manque... bien qu'ils soient assez grands pour faire tout ça tous seuls !

Depuis, j'ai décidé de réorganiser ma vie pour ne plus être seulement un chef d'entreprise : j'essaie de déléguer le maximum de choses, contrairement à avant, où je contrôlais tout, au grand désespoir de mes collaborateurs d'ailleurs. Du coup, je me dégage pas mal de temps, et j'essaie plein de nouvelles activités : le tennis, le golf, la musique, les expos... Ce qui est bien, c'est que je ne culpabilise plus de ne pas consacrer autant de temps qu'avant au travail. Au contraire, je multiplie mes centres d'intérêts et au final, je n'en suis que plus heureux, parce que je rencontre pleins d'autres personnes qui à leur tour me font connaître pleins d'autres choses... C'est fou, mais les épreuves m'ont fait grandir, et je suis plus heureux maintenant ! Je pense que cela n'a été possible que dans la mesure où nous étions déjà heureux avant... »

Cyril, 47 ans

Un peu de théorie

Le bonheur comme bouclier au malheur ?

Il serait faux de croire que le bonheur empêche de ressentir le malheur. D'ailleurs, les deux notions ne sont pas, comme on pourrait le croire, exclusives l'une de l'autre. On peut très bien ressentir les deux en même temps, et c'est ce qui fait notre complexité (et « nos prises de têtes »...). Le bonheur n'immunise donc en rien contre le malheur, mais il a quand

même une action bienfaisante : il augmente nos facultés de résilience, c'est-à-dire notre capacité à nous relever après des épreuves. Comme le dit très bien Cyril, l'idée du bonheur, et encore mieux, le fait d'avoir déjà connu le bonheur aide à lutter contre le pessimisme et le désespoir, à condition bien sûr que le souvenir du bonheur ne soit pas seulement de la nostalgie ou des regrets… Quand on sait que le bonheur existe et quand on y a déjà goûté, il est plus facile de se convaincre que les choses vont s'arranger.
Les psychiatres et les psychologues qui rencontrent quotidiennement des personnes dépressives soulignent d'ailleurs l'importance de la recherche du bonheur dans la prévention des rechutes. En effet, non seulement les personnes dépressives ne ressentent plus de bonheur, mais elles ont aussi perdu l'espoir du bonheur. Pour elles, rien de bon ne peut plus arriver, et c'est en reprenant peu à peu goût à la vie, en découvrant qu'elles peuvent retrouver cet état heureux, qu'elles parviennent à sortir de leur état dépressif. Le bonheur reste le meilleur anxiolytique pour surmonter ses angoisses…

Le bonheur n'est pas la destination, mais le chemin que l'on prend pour y arriver

Imaginez une vie sans bonheur possible… Combien de temps tiendrions-nous ? Le bonheur est une condition sine qua non à notre existence sur terre. Si nos ancêtres n'avaient jamais ressenti de bonheur, ou n'avaient jamais été heureux, serions-nous là pour nous interroger sur l'utilité du bonheur ? Le bonheur a ainsi une véritable fonction d'un point de vue évolutionniste, puisqu'il constitue notre motivation principale pour continuer à vivre.
Au fond, nous avons tous le même moteur qui nous pousse à continuer la course de la vie. Mais ce qu'il faut garder en tête, c'est que le bonheur ne se cache pas forcément derrière une lointaine et utopique ligne d'arrivée ! Au contraire ! Si c'était effectivement le cas, rares seraient les moments heureux dans nos vies ! Ainsi, le bonheur n'est pas forcément lié à l'accom-

plissement de « grandes œuvres », à l'obtention d'un résultat ou à l'atteinte d'un objectif... En effet, la plupart des choses que nous faisons et qui participent à notre bien-être sont plutôt « gratuites » et « non productives ». Le résultat n'en est pas forcément tangible ou mesurable : ce n'est donc pas la vue du résultat qui est cause de notre bien-être. Nous faisons certaines choses juste pour le plaisir de les faire : pour certains, ce sera regarder un coucher de soleil, jouer de la musique, chanter sous la douche, faire l'amour avec son conjoint, pour d'autres ce sera plutôt dessiner, remplir une grille de mots croisés, se promener sur la plage au petit matin... Dans ces cas-là, le bonheur n'est pas seulement dû au « résultat » obtenu, si résultat il y a. Il est plutôt niché dans le plaisir de l'action en elle-même et pour elle-même. Les psychologues désignent d'ailleurs ce genre d'activités comme « autotéliques » : c'est-à-dire qu'elles sont entreprises sans autre but qu'elles-mêmes ; les effectuer est déjà gratifiant en soi. Et, croyez-le ou non, ce sont celles qui nous apportent le plus de bonheur...

Le bonheur aide à prendre conscience de soi

La dernière fonction du bonheur, et non des moindres, est qu'il contribue à prendre conscience de son état de bien-être. Le bonheur permet de mettre notre vie sur pause, pendant quelques secondes, quelques minutes ou quelques heures, à seule fin de bien le savourer, et d'en apprécier toute la teneur. Sa construction passe ainsi par une prise de conscience et cette dernière est primordiale : car... à quoi bon être bien si l'on ne s'en rend pas compte ?

À RETENIR

Le bonheur vécu est un bon indicateur de résilience

Avoir été heureux ne signifie pas qu'on le sera toujours, mais indique que l'on est capable de l'être. Cette faculté n'est pas négligeable quand on passe une phase difficile, car elle peut augmenter la résilience, en redonnant l'espoir de lendemains meilleurs…

Le bonheur : l'important est le chemin !

Le bonheur peut être lié à un résultat ou à un objectif à atteindre. Mais il est surtout associé à certaines activités, dites autotéliques : c'est-à-dire des activités entreprises seulement pour le plaisir qu'elles apportent, et non pour l'argent, la gloire, ou d'autres motivations externes.

Le bonheur, c'est être conscient de son bien-être

Pas de bonheur sans prise de conscience ! Il est bon d'être heureux, mais il est encore meilleur de se savoir heureux ! Il est donc primordial de savoir reconnaître le bonheur quand il est là, pour en exprimer toute la saveur…

Le diktat du bonheur

« Je ne peux malheureusement acheter que ce qui est à vendre, sinon il y a longtemps que je me serais payé un peu de bonheur. »

Jean-Paul Getty

Témoignage

« J'ai beaucoup voyagé dans ma vie. Je suis allé dans beaucoup de pays, riches ou pauvres, orientaux et occidentaux, et à chaque fois j'ai essayé d'observer le mieux possible comment les gens vivaient, ce qui était important pour eux, mais aussi ce qui les rendait heureux. J'en suis arrivé à une conclusion : nous cherchons tous le bonheur. Mais j'ai l'impression qu'en Occident, malgré une société plus "libérale" qu'ailleurs, nous avons une pression plus forte que dans d'autres pays qui sont moins privilégiés ou moins libéraux. Dans la plupart des pays développés, être heureux est presque une obligation. C'est par-dessus tout vrai aux États-Unis, où la culture est entièrement basée sur une certaine idée du libre arbitre : si tu n'es pas riche, jeune, heureux, c'est que tu n'as pas assez travaillé, ou pas fait les efforts nécessaires pour être à la hauteur. Alors que ce pays est un des pays "développés" les plus inégalitaires au monde ! En gros, si tu fais partie de la "white trash" (l'Américain blanc "très moyen", avec un niveau d'éducation très faible) ou si tu es né dans une banlieue très chaude où il y a un meurtre toutes les dix minutes, il faut reconnaître que tu n'as quasiment aucune chance de réussir !

Ce n'est pas pour ça que tu ne peux pas être heureux, mais j'ai l'impression que dans nos sociétés, il n'y a que les gens riches, jeunes et célèbres qui peuvent être heureux... En tout cas c'est ce qu'on essaie de nous faire croire !
Dans les pays moins riches, j'ai parfois le sentiment que les gens sont plus lucides. Beaucoup d'entre eux savent qu'ils ne feront jamais partie d'une certaine frange de la population, celle qu'ils voient dans les films ou dans les beaux quartiers des grandes villes, mais il semble qu'ils l'acceptent plus facilement. Non pas qu'ils soient forcément résignés, mais soit ils cherchent leur bonheur ailleurs, soit ils ne l'attendent pas, tout simplement. Et puis il n'y a pas cette obligation au bonheur à tout prix ! Il n'y a pas non plus cette dualité "loser/winner", qui est tellement perceptible dans la plupart des pays dits "développés". Après, je ne dis pas qu'ils ont raison, parce qu'il est vrai que cela les pousse à être assez fatalistes parfois. Je trouve moi-même certaines situations assez révoltantes... Mais qui sommes-nous pour leur dire que tel ou tel comportement, prôné en Occident, est meilleur que celui qu'ils adoptent depuis des millénaires ? »

Matthieu, 46 ans

Un peu de théorie

La grande vague déferlante du bonheur sur commande

Depuis quelques années, les livres sur le bonheur se multiplient. Et ceci pour deux raisons. Premièrement, parce que le nombre d'études traitant du bonheur a explosé et parce que certains livres ne font que rendre compte des études réalisées. Deuxièmement parce que le bonheur est devenu un sujet très vendeur. On ne compte donc plus le nombre de livres offrant des recettes magiques sur « comment devenir un winner », « comment changer sa vie en sept jours » ou autres thèmes accrocheurs… Évidemment, vous pourriez penser que le livre que vous tenez entre vos mains en fait partie. Mais soyons clairs : ce bouquin ne se propose pas de changer votre vie, car il n'en a tout simplement pas le pouvoir. Il est juste là pour éclairer le lecteur sur certaines facettes du bonheur, pour lui donner quelques outils et pour provoquer en lui, peut-être, les bonnes questions… Mais en aucun cas il ne lui donnera de recette toute faite pour être heureux… car personne ne l'a ! La preuve, c'est que le nombre croissant de livres traitant de ce sujet n'a aucunement changé la face du monde. Les gens ne sont pas plus heureux qu'il y a cinquante ans.

En revanche, tous ces livres ont mis en exergue une tendance de plus en plus ancrée dans l'esprit collectif : c'est que personne n'a plus d'excuse pour ne pas être heureux, car le bonheur est (soi-disant) à la portée de tous. D'ailleurs le discours ambiant, très volontariste (« si tu veux, tu peux »), et les campagnes marketing le répètent : tout le monde peut être heureux, puisque nous pouvons tous acheter du bonheur, que ce soit à travers des barres chocolatées, de la lessive, un lifting ou une nouvelle voiture… car tout le monde se propose de nous en vendre ! Le bonheur est devenu le credo principal de toutes les sociétés commerciales.

Le diktat du bonheur…

En effet, en étudiant nos sociétés, un observateur extérieur un peu naïf pourrait penser que le bonheur est facile à obtenir : n'est-on pas dans une société d'opulence et de consommation de masse ? n'est-on pas dans une société moderne où tout problème a forcément sa solution ?

On pourrait être tenté de répondre par l'affirmative. Oui, en effet, les progrès de la science n'ont jamais autant facilité la vie, rendant certaines maladies obsolètes (du moins pour une bonne partie du monde). Oui, la vie est moins pénible physiquement qu'il y a cinquante ans. Oui, la majorité des gens

(dans les pays développés) peuvent se payer une télévision, un lave-linge et de quoi manger. Alors pourquoi n'est-on pas plus heureux ?
La réponse est en partie là, sous les tonnes de prospectus distribués chaque jour dans le monde : l'homme actuel confond tout simplement l'être et l'avoir. Il pense que l'avoir peut se substituer à l'être. Il pense qu'en étant riche et célèbre, en accumulant les biens, les voyages et les bons de réduction, il sera plus heureux. Mais quand, par chance ou à force de travail il devient riche et célèbre, c'est pour s'apercevoir que ce n'est pas ça, le bonheur… Car le bonheur ne se résume pas à ce que l'on possède ou à ce que l'on gagne, malgré tout ce que la société peut nous dire, à travers des slogans, qui, pourtant, fonctionnent bien quelquefois (« travailler plus pour gagner plus… »).

Des modèles de bonheur à adapter

Le fait est qu'on nous impose des modèles de bonheur, déclinés en plusieurs formats, pour plus de crédibilité : vous avez la famille recomposée mais unie, la célibattante fière et indépendante, le trader riche et sans scrupule. Chaque produit mis en vente est très soigneusement segmenté, étudié pour correspondre à tel ou tel type de consommateur. On nous promet qu'en achetant un de ces produits, nous ferons ainsi partie d'un groupe « d'élus », beaucoup plus heureux que les autres, évidemment… Cela ne veut pas dire que nous croyons tous à ces publicités (d'ailleurs qui y croit ?), publicités toutes aussi mensongères les unes que les autres si on analyse en détail le fond du message. Mais sans le savoir, nous sommes quand même formatés par une société matérialiste, où le bonheur est à vendre… comme le reste…

À RETENIR

Quand on veut on peut ?

C'est ce que l'on pourrait se dire en observant la société actuelle, basée sur le libre arbitre et l'égalité des chances. Mais les faits sont là pour dire le contraire : les gens ne sont pas plus heureux maintenant qu'avant, malgré une hausse du niveau de vie (dans certains pays), une moindre pénibilité du travail ou une espérance de vie plus longue…

Des modèles imposés

L'illusion du libre arbitre, la célébrité facile et rapide de certaines stars et le matraquage publicitaire intensif de nos sociétés imposent en effet certains modèles de bonheur stéréotypés auxquels il faudrait nous soumettre. On nous promet ainsi le bonheur en restant jeune, en devenant riche ou célèbre ou en achetant certains produits… Mais c'est oublier que le bonheur ne se résume pas à la simple possession de biens terrestres…

Bonheur et cultures

« Aucune culture n'est l'entière vérité. »

Richard Hoggart

Témoignage

« Ma famille vient du nord de la Chine, plus précisément d'un petit village à la frontière de la Mandchourie. Je suis arrivée en France à onze ans. Ma tante, qui habitait Pékin, s'est mariée avec un Français et est donc venue vivre en France quand son mari est rentré après sa mission. Alors, dès que mes parents ont pu payer le voyage, ils ont tout fait pour obtenir un visa, et nous sommes venus nous installer ici, dans le sud de la France, pour rejoindre la sœur de ma mère.

À vrai dire, au début, j'ai eu beaucoup de mal à m'habituer au style de vie français. Je pensais pourtant bien connaître la civilisation occidentale, parce que mes parents sont lettrés et cultivés, et qu'ils m'ont souvent parlé de la France. Mais entre le fantasme et la réalité, la différence est grande, et même mes parents ont ensuite émis certaines critiques par rapport à certains faits, courants en France.

Non pas que je critique ce pays qui nous a accueillis. Mais les mœurs, la façon de penser, les relations avec les autres ou encore l'humour, tout est différent. Attention, certaines choses sont indéniablement meilleures qu'en Chine : on peut se déplacer sans rendre de comptes à la police, l'administration n'est pas corrompue comme chez nous, et j'aime la liberté d'expression que l'on a ici, c'est très sain. En revanche, je trouve les Occidentaux assez décadents sur pleins d'autres choses, notamment sur le respect des règles et le respect que l'on doit aux anciens. Dans notre société chinoise et confucianiste, cette notion est très importante. Elle permet de souder les familles autour des personnes âgées, qui font alors vraiment toujours partie de la famille. Cela implique des devoirs pour eux. Par exemple, nos grands parents travaillent tard pour participer aux frais de la maison (de toute façon, la retraite n'existe pas chez nous !), mais ils ont aussi des droits : ils vivent avec le reste de la famille jusqu'à la fin… on ne les envoie pas en maison de retraite ! Cela m'a beaucoup choqué ici, même si je comprends que ça fait partie de la culture. Mais je ne me vois pas mettre mes parents en maison de retraite, et je crois qu'ils ne me pardonneraient jamais si je le faisais. Pour nous, le bonheur de la famille entière, le fait qu'on soit soudés et ensemble, est plus important que le bonheur individuel. Je ne sais pas si c'est mieux, mais dans tous les cas, c'est ma façon de penser… »

Li-Mei, 28 ans

Un peu de théorie

L'importance de la culture dans notre vision du bonheur

Quoiqu'en disent les grands adeptes du libre arbitre, l'homme n'est malheureusement pas libre de tous ses choix. Ces derniers sont évidemment fortement conditionnés par certains facteurs : le patrimoine génétique, le niveau socioculturel, le sexe, le cadre familial, mais aussi – à un niveau plus général – par la culture dont il est issu. Cette culture, à prendre au sens large, le façonne, et façonne donc la vision qu'il peut avoir du bonheur en général, et de son bonheur en particulier. Ainsi, ce qui peut sembler important dans une culture donnée peut se révéler complètement secondaire dans une autre culture : le bonheur (et ce qu'il implique) n'est tout simplement pas le même selon que vous soyez né en France, en Chine ou en Somalie. Li-Mei en témoigne : dans certaines sociétés, le bonheur collectif est par exemple plus important que le bonheur individuel… ce qui implique évidemment d'autres comportements et d'autres modes de fonctionnement. Les personnes de différentes cultures ne sont pas à la recherche des mêmes sésames pour ouvrir leur porte du bonheur personnel… tout simplement parce que chaque culture véhicule des valeurs et des symboles différents.

Le clivage individualiste / collectif

Certains chercheurs, dont le très connu professeur hollandais Geert Hofstede, ont mis en lumière ces différences culturelles. Hofstede a soumis le même questionnaire à plusieurs milliers de personnes dans environ soixante-dix pays différents, pour justement pouvoir identifier et mesurer de façon très précise les particularités de chaque culture.

Les informations collectées ont confirmé certaines hypothèses de départ : chaque culture détermine bien la vision du monde de ceux qui en font partie. Ainsi, grâce à son étude, Hofstede a pu les classer selon certains critères. Parmi ces critères, on trouve notamment les notions de culture individualiste et collectiviste.

Une culture dite individualiste est une culture dans laquelle les individus ont un grand degré d'indépendance par rapport à leur groupe de référence (leur famille, leur métier, etc). Chaque personne est supposée s'occuper en priorité de son propre bien (et de celui de sa proche famille). Dans ce type de culture, l'épanouissement et la réussite personnelle, l'indépendance, voire l'originalité sont des valeurs importantes. Comme vous l'avez sûrement deviné, la France, les États-Unis, et la plupart des pays occidentaux et développés possèdent ce type de valeurs. Évidemment, cela a un impact direct sur la vision du bonheur de chacun de leurs habitants…

A contrario, les cultures collectivistes prônent la supériorité du groupe sur l'individu. Ce type de culture encourage chaque personne à œuvrer pour la cause commune. Ce principe a plusieurs conséquences importantes : la recherche d'une certaine harmonie dans les rapports humains (on ne se met pas en colère contre son prochain car cela nuit au groupe entier), mais aussi une forte pression sociale sur chaque individu, surtout sur ceux qui ne rentreraient pas « dans le moule » (comme le dit un proverbe chinois : « Le clou qui dépasse appelle le marteau »). Dans ce type de société, le bonheur de chaque personne est donc très lié au bonheur du groupe entier : la recherche personnelle du bonheur peut même être considérée comme destructrice… La Chine, comme la plupart des pays asiatiques et des nations en voie de développement correspondent à ce mode de fonctionnement. D'où l'incompréhension de Li-Mei face à certains comportements occidentaux.

Des changements à venir

Le livre que vous tenez entre les mains n'aurait donc peut-être aucune portée dans le pays de Li-Mei, car le bonheur tel que nous le percevons en France n'est pas le même en Chine… Cependant, force est de constater que les valeurs dites individualistes se développent rapidement dans les sociétés encore collectivistes. En effet, ces dernières adoptent de plus en plus les valeurs occidentales et personne ne peut dire si leurs propres valeurs résisteront longtemps à la mondialisation. Est-ce un mal ou un bien ? Nous ne saurions le dire…

À RETENIR

La culture de chacun détermine fortement sa vision du bonheur

En effet, elle fait partie intégrante de notre identité, car elle transmet des valeurs et des principes importants pour la construction de chacun. Elle est donc primordiale quand il s'agit de décrire la vision du bonheur que nous pouvons avoir.

Cultures individualistes et collectivistes

Les différentes cultures peuvent notamment être classées en deux groupes, selon le degré d'interdépendance de leurs membres. Ainsi, les cultures collectivistes préfèrent le groupe à l'individu contrairement aux cultures individualistes, dans lesquelles la réussite personnelle et l'indépendance sont plutôt favorisées.

Vers une généralisation de la culture individualiste ?

Le développement de certains pays sur le modèle occidental a une conséquence importante : les valeurs occidentales deviennent hégémoniques, même dans les sociétés collectivistes… On peut donc imaginer le monde entier devenant individualiste…

L'argent, clef du bonheur ?

« L'argent ne fait pas le bonheur. »

Proverbe français

Témoignage

« J'ai deux enfants, Nicolas et Guillaume. Mon mari Daniel et moi, nous avons toujours essayé de les éduquer de la même façon, du moins pour tout ce qui est de l'ordre des conditions matérielles. Je suis consciente que c'est plus difficile de le faire sur un plan psychologique : les relations parents-enfants, c'est tellement compliqué ! Toujours est-il que quand j'achetais un cadeau à l'un, l'autre en avait un aussi, à part pour les anniversaires bien sûr. De même, ils ont eu le même argent de poche, jusqu'à ce qu'ils soient assez grands pour faire des petits travaux par-ci par-là, pour arrondir leurs fins de mois. Même chose pour les études : ils ont pu choisir ce qu'ils voulaient faire, et nous avons mis de côté la même somme pour chacun d'entre eux.

Malgré cela, les deux ont des conceptions très différentes de l'argent. Nicolas, l'aîné, est une sorte de soixante-huitard, si vous me permettez de faire un tel anachronisme. Il s'est toujours foutu de l'argent : quand il en avait, il le dépensait, mais il n'en faisait pas toute une histoire s'il n'en avait plus. D'ailleurs, même maintenant, alors qu'il est marié et a un enfant, il a gardé la même attitude. Heureusement que Marion est là pour tenir un peu mieux les cordons de la bourse ! Bref, ce n'est sûrement pas un radin, mais il n'est pas non plus très économe. Guillaume, c'est son exact contraire, je ne sais pas pourquoi. Il a comme une sorte de fascination pour l'argent. Non pas qu'il soit radin, mais j'ai souvent l'impression qu'il lui en faut toujours plus. Pourtant il n'est pas forcément très dépensier : il place son argent de façon très intelligente, achète des choses très chères de temps en temps, mais ce n'est pas un fou de la carte bleue. Ce qui m'énerve le plus, c'est qu'il est toujours en train de se comparer aux autres : untel gagne plus que lui, untel moins que lui, untel a eu une prime alors que lui ne l'a pas eue… Le pire, c'est qu'il a déjà beaucoup d'argent ! Bon, à côté de ça, il est très généreux avec nous, même parfois trop. La dernière fois, il nous a offert une semaine de vacances en croisière autour des îles grecques, alors je serais mal placée pour me plaindre, mais ce que je veux dire, c'est que je ne voudrais pas que le seul but dans sa vie soit de gagner de l'argent. Je préférerais qu'il fonde une famille et qu'il en profite un peu mieux, de son argent… »

Hélène, 67 ans

Un peu de théorie

Facteurs objectifs et subjectifs de bonheur

Quand on s'intéresse au bonheur, on s'intéresse à deux choses. Premièrement, ce qui, d'une façon objective, peut apporter du bonheur. C'est ce que l'on appelle la théorie des listes. Cette théorie, comme son nom l'indique, énumère les conditions matérielles nécessaires au bonheur. Pour ce faire, les chercheurs ont étudié les spécificités d'une certaine partie de la population : les gens très heureux. En les étudiant, les spécialistes ont pu évaluer, d'une façon très précise, ce que ces bienheureux avaient de plus que les autres. Ainsi, on a pu déterminer que les gens très heureux étaient, d'une façon générale, à l'abri du besoin, en bonne santé, croyants et pour la plupart mariés et avec des enfants, etc. Ainsi, si l'on isole par exemple le facteur « argent », on peut dire que l'argent que l'on gagne est positivement corrélé avec le bonheur que l'on ressent. De même, plus notre santé est bonne, plus on a de chances d'être heureux. Cela paraît assez logique. La deuxième chose à laquelle on s'intéresse quand on étudie le bonheur, ce sont les facteurs subjectifs du bonheur, soit la perception que l'on a des facteurs objectifs. Par exemple, une personne riche a, si l'on s'en tient aux facteurs objectifs, de fortes chances d'être heureuse. Sauf si, évidemment, elle ne se considère pas comme riche, ou si, par exemple, elle donne beaucoup d'importance au fait que son patron soit plus riche qu'elle...

La comparaison sociale, une bonne raison de ne pas être heureux

La comparaison sociale est très facile à comprendre. Elle consiste à se comparer à quelqu'un par rapport à un critère donné. Dans notre société consumériste, l'argent ou l'apparence physique sont des critères de comparaisons très fréquents... et qui nous empêchent souvent d'être entièrement contents de notre sort. Comme le dit Hélène quand elle parle de son fils Guillaume, et alors que celui-ci a beaucoup d'argent, il apparaît comme toujours insatisfait de son sort. Pourquoi ? Parce que certaines personnes dans son entourage sont plus riches que lui, ou ont droit à des privilèges auxquels lui n'a pas accès... ce qui le rend amer. Un autre exemple : prenons deux employés avec la même ancienneté, les mêmes diplômes et le même poste dans une entreprise donnée. Accordons à l'un 15 000 € et à l'autre 16 000 € de revenus mensuels. Il est certain que malgré des montants très élevés par rapport au salaire moyen français, celui qui gagne 15 000 €, s'il vient à savoir ce que l'autre gagne, sera certainement le moins heureux des deux... Car une autre caractéristique de la comparaison sociale est que l'on choisit évidemment avec qui l'on veut se comparer...

L'adaptation hédonique, un autre facteur d'insatisfaction

Il est des activités qui nous apportent autant de bonheur à chaque fois que l'on s'y adonne, et ce quel que soit le nombre de fois. Ce peut être dessiner, chanter, courir, manger avec des amis… Chaque occasion apporte à chaque fois du plaisir. Dans la majorité des cas, ce plaisir est même l'une des motivations principales à réaliser ces activités (sinon à quoi bon ?).

En revanche, il existe d'autres activités pour lesquelles ce plaisir est de plus en plus difficile à renouveler, ou pour lesquelles ce plaisir s'éteint vite : gagner de l'argent en fait partie. En effet, on s'habitue vite à gagner de l'argent : l'échelle de valeurs change rapidement. Par exemple, un trader habitué à un certain revenu peut enrager si un bonus de 500 000 € lui passe sous le nez, quand dans le même temps le chômeur est désespéré parce qu'il a perdu 200 € avec son portefeuille. Cette « faculté d'adaptation à certains plaisirs », ici l'adaptation au fait de gagner de l'argent, est appelée en terme technique l'adaptation hédonique. Un exemple célèbre de cette « adaptation hédonique » est le gagnant du Loto. Après avoir gagné, ce dernier ressent un plaisir, une satisfaction, voire un bonheur très vif et très intense. Mais son niveau de bonheur redescend très rapidement à son niveau de base, c'est-à-dire celui ressenti avant le ticket gagnant…

En résumé, l'argent est corrélé au bonheur dans une certaine mesure seulement. Une fois que les besoins de base sont comblés, c'est-à-dire une fois que sont payés la nourriture, le toit, etc., bref une fois qu'une certaine sécurité financière est atteinte, l'argent ne rentre que très peu en ligne de compte pour arriver au bonheur…

À RETENIR

Réalité et ressenti

Le plus important pour le bonheur, ce n'est pas la réalité, mais ce que l'on perçoit de la réalité. L'argent étant un objet très chargé émotionnellement et symboliquement, la façon dont on le perçoit (et dont on se perçoit), influence énormément notre satisfaction.

Comparaison sociale et adaptation hédonique

La comparaison sociale est une sorte de compétition sans fin. L'adaptation hédonique nous rend parfois « addict » à certaines activités (comme celle de gagner de l'argent), en nous privant d'une pleine satisfaction. Ce sont là deux processus cognitifs (mécanismes de notre pensée), qui peuvent nous empêcher d'être heureux.

Plus d'argent ne donne pas forcément plus de bonheur

Passé un certain seuil, et une fois les besoins les plus importants assouvis, l'argent n'est absolument pas le garant du bonheur… En effet, combien connaissons-nous de gens très riches et très malheureux ? L'argent doit être utilisé comme un moyen, et non pas être considéré comme une fin…

Les schémas psychologiques toxiques

« L'homme porte en lui la semence de tout bonheur et de tout malheur. »

Sophocle

Témoignage

« Mon père a toujours été extrêmement dur, surtout envers moi. Ses colères étaient disproportionnées par rapport aux raisons qui les provoquaient, tout comme les punitions qui en découlaient. Il se mettait dans des états pas possibles parce que je ne m'étais pas lavé les dents, ou parce que des vêtements traînaient dans la chambre. Mon frère aîné, lui, n'était pas logé à la même enseigne, car mon père l'adorait et lui passait tout. Ma mère laissait faire la plupart du temps, par peur ou par lâcheté, je ne sais pas. Je vivais avec un sentiment profond d'injustice : ce n'était pas juste que mes parents soient comme cela avec moi.

Finalement je suis parti de chez moi très jeune, je suis rentré en apprentissage à seize ans, à trois cents kilomètres de ma ville natale. Je pensais que j'étais libéré de mes démons, que la vie allait être plus facile. Mais je me suis trompé. J'avais pris mes blessures avec moi et elles ne m'ont jamais quitté.

J'ai toujours l'impression que le monde est injuste, qu'il faut se battre pour ne pas se faire humilier, qu'il vaut mieux frapper le premier pour ne pas se faire frapper. Malgré cela, je me suis marié avec une

ancienne collègue de travail, Claire, une femme douce et effacée, parfaitement inoffensive. Rapidement, je suis devenu invivable : je la culpabilisais sans cesse de ne pas être aussi disponible que je l'aurais souhaité, de ne pas faire attention à moi. Et puis au fur et à mesure du temps, je suis devenu de plus en plus soupçonneux avec elle : je me disais qu'elle s'était marié avec moi pour mon argent, qu'en fait elle n'en avait rien à faire de moi, qu'elle profitait de moi. Évidemment on a divorcé.
Si je peux faire preuve de tant de recul maintenant, c'est que j'ai commencé une thérapie, parce que mon mal-être devenait chaque jour un peu plus lourd, et que je savais que quelque chose n'allait pas. Je me suis rendu compte que j'avais dans la tête une vision du monde qui ne correspondait pas à la réalité. Le fait d'avoir grandi dans un tel cadre, sans avoir la possibilité d'exprimer mes opinions et mes besoins, m'a fait croire que le monde entier était injuste. J'ai compris que ce n'était pas la réalité, mais il m'est encore très difficile de lutter contre mon penchant naturel. Ce qui me fait continuer ma thérapie et tenir le coup, c'est l'espoir de ne pas devenir comme mon père… »

Bastien, 36 ans

Un peu de théorie

Personnalité et schéma psychologique

Le bonheur est un concept beaucoup plus subjectif qu'objectif. C'est-à-dire que le ressenti que l'on a face à notre situation est bien plus important pour notre bien-être que la situation en elle-même. En d'autres termes, quelqu'un peut « tout avoir pour être heureux » (de façon objective : un travail, de l'argent, des enfants, etc.) et ne pas l'être pour autant. A contrario, il existe des personnes plutôt démunies qui arrivent à se ménager des moments de bonheur. En effet, la vision que l'on a de soi et du monde est une des clefs du bonheur. Cette vision étant directement reliée à notre personnalité propre, c'est donc en analysant cette dernière que l'on va chercher des réponses.

Ce que l'on appelle la personnalité en psychologie est l'ensemble des traits stables d'un individu. Ces « traits de caractère » lui confèrent un tempérament unique, et rendent donc son comportement plus ou moins prévisible. Par exemple, sachant que votre patron est de très mauvais poil le matin, vous ne négociez jamais d'augmentation avant le déjeuner…

En fait, chaque personnalité a pour base un « schéma psychologique », c'est-à-dire un mode de fonctionnement. Ce mode de fonctionnement est intimement lié avec le vécu, les traumatismes, le passé et l'éducation de chacun. Ces schémas prennent ainsi leur source dans l'enfance, et ont tendance à perdurer à l'âge adulte. La plupart du temps, quand l'enfance a été plus ou moins « normale », les schémas sont « adaptatifs », c'est-à-dire souples : la personne en question s'adapte à son environnement sans trop de problème.

Schéma psychologique et souffrances

En revanche, certaines personnes développent des schémas toxiques pour elles-mêmes et leur entourage. Bastien en est un exemple flagrant. Jeune, il pensait que le monde était injuste. Devenu adulte, et malgré la présence bienveillante de sa femme, Bastien a toujours cette impression tenace que le monde lui en veut, même si le monde autour de lui a changé : son père n'est plus là pour le punir même s'il n'a rien fait.

Un schéma psychologique toxique est donc un schéma inadapté à la réalité présente, une généralisation douloureuse à partir d'un événement ou d'une attitude traumatisants. Le schéma est perceptible à travers des traits de caractère particulièrement saillants (et la plupart du temps pénibles) :

par exemple, Bastien peut se montrer très susceptible, introverti, méfiant, car son schéma psychologique se base sur la peur de la persécution et de l'injustice. Cela engendre des souffrances non seulement pour lui, mais aussi pour tous ceux qui l'entourent.

Des mécanismes de défense tout aussi douloureux

Un tel fonctionnement, s'il n'est pas remis en cause, peut très bien rendre « inapte » au bonheur. En effet, nous avons vu qu'une personne ayant un schéma psychologique rigide, donc toxique, garde la même attitude quelle que soit l'évolution de son environnement. Cela signifie également que la plupart des situations vont engendrer chez lui le même sentiment douloureux, qui va se répéter à l'infini et l'empêcher d'accéder au bonheur : tout sera interprété à travers le même filtre déformant.

Pour ne plus souffrir, l'individu développe alors certains mécanismes de défense. Ici, Bastien est devenu méfiant et désagréable dans le but de ne plus se faire humilier. Mais comment réagit-on en général face à quelqu'un d'exagérément méfiant ? Même si l'on est bienveillant au début, on finit souvent par devenir soi-même agressif ou alors par éviter la personne en question. Ce sont des comportements qui ne peuvent que conforter cette personne dans sa méfiance…

De plus, nous avons tous tendance à sélectionner les informations qui correspondent à l'idée que l'on se fait du monde. Par exemple, Bastien « voit » que sa femme n'est pas assez présente, mais il ne voit pas tous les efforts qu'elle fait pour se rendre agréable. Pris dans un cercle vicieux, il se conforte lui-même dans ses illusions et engendre ainsi encore plus de souffrances. Il est incapable de profiter de sa vie, car il est toujours sur le qui-vive à guetter la prochaine injustice le concernant, sans voir qu'il est lui-même injuste envers sa femme et son entourage…

À RETENIR

Le bonheur est dépendant de la personnalité de chacun

La personnalité (ensemble des traits stables et caractéristiques) d'un individu conditionne non seulement la vision qu'il a du monde qui l'entoure, mais aussi et surtout sa façon de penser et de réagir face à cet environnement (c'est-à-dire son schéma de fonctionnement).

Schéma psychologique et aptitude au bonheur

Certains schémas psychologiques sont toxiques et réduisent grandement les possibilités d'être heureux. Ils provoquent des souffrances répétitives qui ont toutes la même source : un mal-être personnel souvent issu d'un traumatisme. Ainsi, toutes les informations passent à travers le même filtre déformant et provoquent les mêmes conséquences, et ce quelle que soit la situation. Ces schémas donnent des personnes inaptes au bonheur, et souvent (auto-)destructrices.

La culpabilité comme seconde nature

« La chance ou le bonheur se transforment en culpabilité, entraînant dans leur sillage tout ce qui est positif. »

Pierre Daco

Témoignage

« Mes parents ont vécu des périodes difficiles. Ils ont souvent galéré. Tous deux ont perdu leurs parents pendant la guerre et ont été bringuebalés chez des tantes et des oncles… leur enfance a été très chaotique. Étant agriculteurs, ils ne prennent jamais de vacances, travaillent tous les jours. Ils nous ont toujours dit que le travail menait à tout. Ils se sont toujours sacrifiés pour mon frère et moi, pour que l'on fasse des études et que l'on réussisse notre vie et qu'on ne soit pas des "idiots d'agriculteurs" comme eux. De mon côté, je me suis souvent sentie coupable d'avoir une vie très facile comparée à la leur : j'ai réussi facilement mes études, sans trop travailler, et j'ai tout de suite trouvé un travail très bien payé dans la gestion de patrimoine. Pendant mes études, et même après avoir trouvé du travail, je ne disais jamais à mes parents quand je sortais avec des amis, ou quand je voyais quelqu'un, par peur de paraître futile ou superficielle. Je me sentais coupable de m'amuser, après tout ce qu'ils avaient fait pour que j'aie, moi, une bonne vie. Je me rappelle un jour où j'ai dit à ma mère que je partais en thalassothérapie pendant une semaine au Maroc avec trois amis. J'avais vraiment besoin

de souffler : j'avais travaillé comme une malade pendant un an et demi sans prendre de vacances. Elle m'a répondu que j'avais beaucoup de chance de partir, qu'elle n'avait pas eu cette chance et que c'était encore plus difficile depuis que mon père était malade. Je n'ai pas su quoi dire, et tout le plaisir que j'avais à partir en vacances s'est envolé. Une fois à Marrakech, j'en ai à peine profité. Je me suis montré morose et de mauvaise humeur… comme si j'avais l'impression de perdre mon temps !

Le pire, c'est avec mon frère : nous nous sommes à moitié brouillés il y a des années. Je crois que l'on n'a pas la même conception de la vie. Il a eu les mêmes opportunités que moi, et il avait de grandes capacités. Selon moi, il les a gâchées, parce que c'est aujourd'hui un hédoniste un peu fainéant qui ne pense qu'à dépenser l'argent de l'État en se mettant au chômage tous les six mois, pour partir à Bali ou à Goa. Mais d'un autre côté je l'envie aussi, de ne pas se sentir obligé d'aider tout le monde, de ne pas se prendre la tête avec nos parents. Je suppose qu'il doit être plus heureux que moi… »

Élisa, 31 ans

Un peu de théorie

Le schéma psychologique « Je me sens coupable »

La culpabilité peut être définie comme la vision négative d'une de nos actions, qui a pu ou pourrait faire du mal à quelqu'un (un proche en général). Elle entraîne en général des actions plutôt constructives, c'est-à-dire la réparation des dommages causés, et cesse d'ordinaire une fois que l'on estime avoir réparé son erreur.

Cependant, il existe un sentiment de culpabilité différent, chronique et tenace, qui peut être inculqué très tôt chez une personne, pour s'installer

dans la durée, voire même pour toute une vie. Cette personne a souvent le sentiment d'avoir une dette immense, qu'elle s'efforce alors de combler par tous les moyens. Mais la dette se révèle la plupart du temps impossible à rembourser, et les efforts pour le faire épuisants physiquement et plus encore psychologiquement. En effet, dans le cas d'Élisa, comment peut-elle faire pour « rembourser » la vie difficile que ses parents ont vécue ? Réussir était sa seule alternative et elle s'y est employée, mais cela ne s'est pas révélé suffisant... pour se laver d'un péché qu'elle n'a pas commis.
Ce schéma est souvent très insidieux, dans la mesure où la personne qui en souffre peut être très bien intégrée socialement, indépendante financièrement ou avoir une famille unie et heureuse... C'est la personne dont on dit avec une pointe d'incompréhension : « Elle a tout pour être heureuse, alors je ne vois pas pourquoi elle est malheureuse... »

Se sentir coupable d'aller bien

De fait, les personnes ayant ce schéma de culpabilité ont beaucoup de difficultés à dire qu'elles vont bien, ou qu'elles sont heureuses, souvent pour ne pas paraître indécentes face à celles qui ne le sont pas. De fait elles s'interdisent même parfois de ressentir « trop » de bonheur (comme Élisa qui n'a pu profiter de son séjour au Maroc) ! Elles ont également un certain sentiment d'illégitimité dans leur travail, dans leur couple, avec leurs enfants. Par exemple, elles peuvent avoir du mal à s'imposer face à leurs subordonnés, leurs collègues, leur famille ou leurs enfants, qui profitent volontiers de leur côté bonne poire...
En effet, pour « réparer leur erreur », les coupables chroniques ont souvent « le syndrome du sauveur », ce qui est très agréable pour leur entourage, mais destructeur pour eux-mêmes. C'est-à-dire qu'à force de toujours faire passer les autres (ou le travail...) en premier, et ce au détriment de leurs besoins propres, ils finissent par se rendre compte de la vacuité de leurs efforts et accuser les autres ou le système de profiter d'eux (ce qui

en soi n'est parfois pas faux non plus). Mais ils ne comprennent pas que personne ne les oblige à se sentir responsables de tout et de tous, et surtout du malheur des autres, même quand ils ne le sont manifestement pas.
De même, quand il leur arrive quelque chose de bien, les individus souffrant d'une trop grande culpabilité cherchent toujours la tuile qui ne devrait pas tarder à leur tomber dessus, puisqu'ils imaginent qu'ils n'ont pas le droit d'être véritablement heureux. Ils peuvent donc se montrer très pessimistes, même dans les moments de bonheur flagrant, se disant certainement : « Qu'est-ce que j'ai fait pour mériter autant de bonheur ? » Dans le malheur ils se sentent parfois plus à l'aise, car ils « savent » qu'ils l'ont mérité…

Les origines d'un schéma psychologique de culpabilité

Certaines personnes peuvent être culpabilisées par leurs parents (de façon inconsciente la plupart du temps), qui se sont sacrifiés pour qu'elles réussissent. Ce sont souvent des personnes qui considèrent qu'elles ont eu beaucoup de chance et qui ont du mal à s'attribuer de véritables mérites (comme Élisa).
Certains parents inculquent également à leurs enfants que ces derniers ne doivent pas « se considérer comme le centre du monde » ou « qu'il y a toujours plus malheureux qu'eux », le tout accompagné d'un code moral très austère (peu de loisirs ou de jeux, ou alors seulement des jeux « éducatifs » pour ne pas perdre son temps en futilités…). Les enfants ainsi éduqués souffrent souvent de ce type de fonctionnement, car ils intériorisent l'idée que vivre, c'est être dans un devoir permanent, sans forcément avoir de droits, notamment de droit au bonheur…

À RETENIR

La culpabilité : une émotion normale et constructive à l'origine

La culpabilité est inhérente à notre société, puisqu'elle se fonde sur une certaine idée de la réciprocité : « Je dois réparer le mal que j'ai fait à quelqu'un. » C'est donc une émotion qui, pour inconfortable qu'elle soit, induit une action positive dans le but de s'en libérer.

Un fardeau immense

Cependant, certains individus ont construit leur personnalité entière sur ce sentiment de culpabilité, souvent induit par les parents ou par l'environnement. Dans ces cas-là, ces personnes ne se donnent pas le droit d'être heureuses, dans le but d'expier leur « péché », qui, la plupart du temps, n'est même pas vraiment le leur !

Un sacrifice inutile

Ainsi, les personnes souffrant de ce schéma se sentent souvent responsables de tous les malheurs du monde, ce qui contribue à accentuer leur sentiment déjà important de culpabilité. Et à force de vouloir sauver tout le monde, ils ne pensent plus à se sauver eux-mêmes…

L'hyper-dépendance : le bonheur assisté

« Le vrai bonheur ne dépend d'aucun être, d'aucun objet extérieur. Il ne dépend que de nous. »

Dalaï Lama

Témoignage

« Je travaille au service des ressources humaines dans une société commerciale qui vend de l'électroménager. On est trois dans le service : la chef, Claudine, un collègue, Jérôme, et moi. Je m'occupe plutôt de tout ce qui est formation continue, et mon collègue s'occupe de tout ce qui purement gestion (congés payés, fiches de paye, absences, etc.), sous la direction de Claudine.
Je suis souvent étonnée de l'attitude de Jérôme. En fait, c'est déjà surprenant de trouver un homme à ce poste : en général, j'ai toujours travaillé avec des femmes. Mais d'un autre côté, je ne suis pas vraiment dépaysée, parce que c'est comme si Jérôme en était une, et pas la plus dégourdie ! Je le vois faire avec Claudine : il lui demande son avis sur tout, et je crois vraiment qu'il est incapable de prendre une décision sans elle. Pourtant, son travail est assez routinier, c'est plus de la comptabilité qu'autre chose. Claudine l'a inscrit à plusieurs stages de gestion des ressources humaines, et malgré ces formations techniques, il est resté vraiment très dépendant. Avec moi, je crois qu'il sait à quoi s'en tenir, il ne me demande jamais rien, parce qu'il sait très bien que je l'envoie sur les roses à chaque fois. Nous

sommes seulement trois pour gérer trois cents personnes, et pour moi, chacun doit être autonome. Mais c'est fatigant de travailler avec lui dans le même bureau, surtout quand Claudine n'est pas là et que je le vois tourner en rond s'il ne sait pas quoi faire.
La dernière fois, pour le pot de Noël, nous étions tous conviés à venir avec nos familles : il y avait un Père Noël et des cadeaux pour les enfants. J'avoue que j'étais curieuse de rencontrer la femme de Jérôme, pour me faire une idée. Et bien c'était exactement ce à quoi je m'attendais : sa femme a dix ans de plus que lui, et ça se voit tout de suite que c'est elle qui porte la culotte à la maison ! Pour ça, au moins, ils se sont bien trouvés. Je me dis qu'il serait totalement perdu sans quelqu'un de plus autoritaire à côté de lui. Mais bon, ce serait bien qu'il grandisse un peu, au travail du moins, parce qu'il n'avancera jamais sinon, même si je ne pense pas qu'il ait de grandes ambitions… »

Hélène, 42 ans

Un peu de théorie

Le schéma psychologique d'hyper-dépendance

La dépendance à son environnement et à ceux qui nous entourent est évidemment un comportement et un besoin bien humains. Pour pouvoir vivre, les échanges, la chaleur humaine, l'amour sont primordiaux. La dépendance aux autres est donc un phénomène normal : elle est d'ailleurs maximale les premières années de la vie et s'atténuera avec l'âge et la maturité.
Cependant, certaines personnes n'arrivent pas à s'affranchir de leur entourage et restent hyperdépendantes tout au long de leur vie, et ce de façon excessive. Le collègue d'Hélène en est un exemple frappant : une

autonomie nulle, une soumission exagérée à l'autorité, et la recherche permanente de tuteurs. Jérôme souffre certainement d'un schéma psychologique d'hyper-dépendance.

Basse estime de soi et survalorisation de l'autre

En général, la personne hyper-dépendante a une très mauvaise image d'elle-même. Elle se voit comme incapable de subvenir seule à ses besoins. Le quotidien, la paperasse administrative lui paraissent insurmontables sans quelqu'un pour la guider ou l'assister. De fait, elle se débrouille souvent pour rester avec une personne représentant pour elle l'autorité. Car la mauvaise opinion qu'elle porte sur elle-même est renforcée par une idéalisation excessive de l'Autre, ce qui lui permet de ne pas trop souffrir de sa soumission exagérée.

Cette sujétion à l'autorité est donc, pour l'individu hyper dépendant, une manière de rester dans l'ombre de quelqu'un de plus fort, de plus intelligent, de plus débrouillard (selon sa vision du monde). Il peut même rester des années dans une relation qui le rend malheureux, pour ne pas rester seul et désemparé. D'ailleurs, cette peur de la solitude le rend très malléable. Il a évidemment très peur du conflit, et est d'habitude apprécié pour son côté diplomate, qui confine quelquefois à une sorte de lâcheté naïve : il ne veut contredire personne, ce qui le force à se contredire lui-même, ou à ne pas avoir de réelle opinion. En général, on dit de lui qu'il « manque de personnalité ». De fait, il a tendance à confondre ses désirs et ceux des personnes qui l'entourent.

Dépersonnalisation

Cette hyper adaptabilité à l'autre est motivée par un désir de ressembler à ce que l'autre a envie de voir, mais peut aussi être une façon de copier un modèle, une idole. Ce comportement est d'ailleurs souvent observé chez les adolescents, qui ont une confiance en eux fluctuante et sont à la recherche

de leur identité propre. Le groupe, à cet âge-là, a un rôle primordial : il dicte les comportements et impose la norme. Après l'adolescence, la maturité venant, ce genre d'attitude a tendance à disparaître pour laisser place à une personnalité plus marquée et surtout propre à soi-même.
L'hyper-dépendant, lui, n'arrive pas à s'affranchir de son modèle. Il continue donc à imiter les personnes qu'il admire sans réserve (en général des personnalités opposées), ce qui le conduit à se dépersonnaliser petit à petit, puisqu'il poursuit un idéal qui ne lui ressemble pas. Cela peut également le pousser à se détruire, si le modèle choisi n'est pas le bon…

Et le bonheur dans tout ça ?

La personne souffrant d'un schéma de sujétion pense donc que le bonheur ne peut venir que de quelqu'un d'autre. Elle ne peut imaginer que la réponse se trouve en elle-même, n'étant pas consciente de ses propres compétences. Ce postulat la met dans l'incapacité de visualiser et de construire son propre bonheur, puisque celui-ci est forcément dépendant de forces extérieures.
Cette attitude comporte ce que l'on appelle des bénéfices secondaires : cela lui permet, entre autres, de se déresponsabiliser et d'accuser les autres en cas de problème, sans jamais devoir remettre en cause son propre fonctionnement. Cela ressemble à une sorte de compassion auto-centrée : « Comment vais-je faire sans elle/lui ? Qui va bien pouvoir m'aider maintenant ? » Cette attitude, comme le souligne Hélène, est particulièrement handicapante au travail, où l'autonomie est une compétence de plus en plus valorisée. La dépendance, en règle générale, est d'ailleurs une attitude qui tend à être obsolète, dans notre société de plus en plus individualiste. L'hyper-dépendant serait donc voué à être de plus en plus malheureux, à moins de trouver la personne qui l'aide à grandir…

À RETENIR

Dépendance et hyper-dépendance

Il ne faut pas confondre la dépendance (ou l'interdépendance) que l'on éprouve tous par rapport à notre environnement ou notre entourage, et l'hyper-dépendance, qui confine certaines personnes dans la recherche continue d'une assistance sans limites.

Un « Moi » inexistant et un « Toi » envahissant

Les personnes souffrant de ce schéma psychologique de sujétion n'ont pas confiance en elles et sous-estiment largement leurs propres capacités. A contrario, elles surestiment et idéalisent les compétences des autres, les rendant infaillibles et tout-puissants. Elles demandent paradoxalement une attention infinie à ceux qui les entourent, cherchant leur approbation pour tout et se considérant elles-mêmes comme des « moins que rien ».

Un bonheur trop dépendant de l'Autre

Le schéma psychologique de sujétion rend ceux qui en souffrent incapables de concevoir leur propre vision du bonheur. Ils pensent au bonheur comme ils pensent au reste, se contentant de ce que les autres veulent bien leur laisser… Nul besoin de dire que ce n'est pas la meilleure façon d'être heureux…

Prendre soin de son corps

« Mens sana in corpore sano. »

Juvénal

Témoignage

« Je n'ai jamais eu le temps de prendre vraiment soin de moi. Quand j'étais enfant, mes parents travaillaient dur. Ils tenaient un commerce et bossaient tous les jours. Comme j'étais l'aînée, je devais m'occuper de mes petits frères, et je faisais quasiment des doubles journées. Du coup, je n'ai jamais eu le goût des choses "futiles". Par exemple, pour moi, manger signifiait seulement faire le plein d'énergie, et comme c'est moi qui faisais la cuisine (et que je n'ai jamais été très bonne cuisinière !), on mangeait des plats nourrissants, mais pas très raffinés. Pour m'habiller, je prenais la première chose qui me tombait sous la main, sans vraiment faire attention à la couleur, la coupe, et sans prendre garde si ça m'allait vraiment.

Et puis quand je suis partie de chez mes parents, je ne peux pas dire que cela m'ait vraiment soulagée ! Je suis partie pour suivre mon mari dans la Drôme, où il avait acheté une boucherie. Je passais mes journées dans la boucherie, où je m'occupais des encaissements, ou bien dans l'arrière-boutique. Et quand ce n'était pas le travail, c'était les enfants. Et avec tout ça, évidemment, je n'avais pas vraiment le temps de m'occuper de ma toilette ou de ma santé !

Et puis tout d'un coup tout s'est calmé. Mon mari et moi avons décidé de mettre nos boucheries en gérance (nous en avions acquis trois au fil des années). Nos enfants sont partis de la maison. Nous avions enfin le temps de faire ce dont on avait toujours rêvé : prendre le temps de vivre, de prendre soin de nous. Je connais beaucoup de personnes qui deviennent malheureuses une fois que le travail ou les enfants ne sont plus là. Et bien moi j'avais l'impression de renaître ! Non pas que je n'aimais pas mes enfants ou mon travail, mais tout d'un coup, je n'avais plus qu'à m'occuper de Patrick et moi, et de notre bien-être, et ça faisait un bien fou… En fait je me suis rendu compte que je n'avais jamais pensé vraiment à moi en tant que personne depuis des années…

Depuis, je continue sur la même voie et cela me réussit. Je prends des cours de cuisine légère dans une association à côté de chez nous, parce que j'ai un peu trop de cholestérol. Je prends même des cours d'aquagym deux fois par semaine ! Du coup, je me suis fait quelques amies, avec qui je papote après les cours au café du coin. Je vais chez le coiffeur régulièrement, je fais plus attention à ma toilette… Patrick en est ravi et me dit que je rajeunis chaque jour. Le pire, c'est que j'ai l'impression d'être beaucoup plus pimpante maintenant qu'à vingt ans ! »

Denise, 56 ans

Un peu de théorie

L'impact de la santé dans le ressenti du bonheur

La santé est un élément important du bonheur. Non pas qu'une bonne santé garantisse le bonheur, mais une mauvaise santé implique des affects, des émotions et des pensées négatives, voire morbides, fatales au sentiment de bonheur. Il faut cependant souligner que même des personnes en mauvaise santé peuvent être heureuses. Par exemple, plusieurs études ont prouvé que

la plupart des individus victimes d'accidents qui les ont handicapés à vie, revenaient après quelque temps au niveau de bonheur qu'ils avaient avant leur accident. Pourquoi ? Parce que l'homme peut s'adapter à tout, et qu'après une phase critique de décalage (c'est-à-dire une phase d'adaptation), l'être humain arrive à faire preuve d'une résilience hors norme.
Mais ces résultats encourageants ne doivent pas faire oublier que « le bonheur, c'est la santé ! » et que personne n'est à l'abri de mauvaises surprises. Faire attention à sa santé, surtout quand on est jeune (et « immortel »), est une preuve d'optimisme responsable : c'est penser que le comportement d'aujourd'hui influencera favorablement la situation de demain. Et l'optimisme n'est-il pas un des facteurs de bonheur ?

Un kilomètre à pied... ça n'use que les souliers !

Et oui... Pour que notre corps reste sain, il faut l'entretenir. Là encore, il faut bien dire que la nature est injuste. Certaines personnes ont une santé de fer et ne prennent pas un gramme même en période de fêtes, alors que d'autres essaient péniblement, à grands coups de restrictions alimentaires ou de séances d'aérobic (autant dire de torture), de maintenir leur corps dans un état tout juste correct. C'est la vie ! Au lieu de se plaindre de cet état de fait, il est préférable de prendre en compte ses imperfections et de tenter de s'améliorer...
De nombreuses études, en outre, soulignent la corrélation significative entre la pratique régulière d'un sport et un état psychologique sain. Le sport agirait ainsi non seulement contre l'hypertension, les maladies cardiaques, le diabète et d'autres maladies physiologiques, mais aussi contre des maladies « psychologiques » comme la dépression, le stress ou l'anxiété. Pourquoi soigner la dépression (légère) avec le sport ? Parce que faire de l'exercice physique rend le patient acteur de son traitement : il se sent plus impliqué dans sa guérison de cette manière qu'en prenant seulement des médicaments. Il mesure ainsi les efforts faits, et peut alors s'en féliciter...

Choisir le sport qui nous convient

Certaines personnes ne font pas de sport parce qu'elles se trouvent un tas d'excuses excellentes : c'est cher, elles n'ont pas le temps, elles n'aiment pas faire cela toutes seules, elles n'ont jamais aimé ça… Et pourtant ! Avec la variété de sports disponibles, que ce soit seul ou en association, dans des clubs ou avec des amis, il suffit de réfléchir un peu pour choisir un sport qui nous convienne.

Par exemple, les personnes âgées préféreront choisir des sports doux, mais qui permettent des relations sociales, comme Denise, qui fait de l'aquagym (ce qui, il faut bien l'avouer, est quand même très féminin…). D'autres seront plus à l'aise dans des activités comme le golf, la marche active, le vélo, la danse, le stretching… selon les moyens financiers, le temps et l'envie. Essayez dans la mesure du possible de faire de votre pratique sportive une habitude qui puisse rentrer dans votre emploi du temps hebdomadaire : inscrivez-le dans votre agenda et dites vous que c'est un rendez-vous important à ne rater sous aucun prétexte…

Ce qu'il faut retenir, c'est que le sport c'est comme un bon livre. On peut s'arrêter, le reprendre, relire les mêmes chapitres avec autant de plaisir ! Ne culpabilisez pas trop si vous ratez quelques séances ou si vous n'arrivez pas à courir plus longtemps lors de votre jogging hebdomadaire !

Et si vous n'éprouvez vraiment aucun plaisir à le faire, voyez ce qui ne vous plaît pas : est-ce que c'est à cause du professeur, des horaires, des autres participants, de l'ambiance ? Changez tant que vous êtes encore motivé, car vous risquez sinon de vous trouver une excuse supplémentaire pour ne pas faire d'exercice…

À RETENIR

La santé, un élément préalable au bonheur

Le bonheur repose en partie sur une bonne santé, même si une bonne santé n'est pas forcément gage de bonheur. Mais prendre soin de sa santé en vivant sainement est la preuve d'une attitude positive et optimiste, ce qui est indubitablement une preuve d'aptitude au bonheur…

Et un et deux et trois… santé !

Le sport est un des seuls moyens de conserver la forme jusqu'à un âge avancé. En faire un peu, c'est déjà mieux que ne rien faire, mais en faire régulièrement, c'est mieux qu'en faire ponctuellement ! Choisir le sport qui nous convienne est le plus important, et il n'y a pas de doute que nous trouverons notre bonheur parmi les centaines d'opportunités possibles !

Stimuler sa créativité !

« Un excellent potage prouve plus de créativité
qu'une mauvaise peinture. »

Abraham Maslow

Témoignage

« Je suis très admiratif des personnes créatives. Par exemple ma femme, Adeline, l'est beaucoup, et je reste souvent bouche bée devant l'ingéniosité dont elle peut faire preuve, et ce quel que soit le domaine dans lequel elle se lance. Pourtant, à la base, c'est une personne très pragmatique, terre à terre, qui a un métier plutôt technique : elle travaille dans un cabinet d'avocats. Mais je crois qu'elle est bonne là-dedans justement parce qu'elle a ce petit truc en plus des autres. Ce qui m'épate, c'est qu'elle arrive toujours à avoir une vision des choses différente, ce qui fait qu'elle a toujours un jugement un peu décalé, mais pertinent au final. Je lui demande souvent son avis quand je suis confronté à un problème, parce qu'elle met en lumière des choses auxquelles je n'avais pas pensé, ou que je n'avais pas liées à ce qui me préoccupait.

Ce qui m'étonne beaucoup, c'est qu'en plus elle n'est pas vraiment une artiste comme on l'entend habituellement. Elle est juriste, elle aime beaucoup son travail, et elle a besoin de cette stabilité que lui apporte son job : elle ne se verrait pas dans un atelier à vivre la vie de bohème ! Je dirais plutôt que sa créativité s'exprime au quotidien. Bon, d'abord, elle ne jette jamais rien : notre maison ressemble un peu à celle de Géo Trouvetout, vous savez l'inventeur de Picsou magazine. Elle arrive toujours à recycler des vieux trucs pour en faire un élément de déco par exemple, ou un espace de rangement, ou un autre truc complètement décalé. Même chose quand elle fait la cuisine : elle est capable de faire un petit plat délicieux en vidant les restes du frigo !

Quand je lui demande son "secret", elle me répond souvent qu'il suffit de s'entraîner un peu et qu'au fur et à mesure, l'esprit se met à fonctionner tout seul. C'est marrant, parce qu'un autre ami à moi m'avait dit cela un jour. Il est écrivain, et il me disait qu'il se forçait à écrire un peu tous les jours, même si ce qu'il écrivait n'était pas forcément bon, parce que le subconscient continuait à réfléchir même quand tu ne pensais pas au travail, et que cela pouvait déboucher sur quelque chose de génial le lendemain… Le plus important pour lui, c'est de ne pas se mettre de barrière, de tout écouter, même ce qui n'est pas bon, et de trier ensuite… »

Michaël, 39 ans

Un peu de théorie

Qu'est-ce que la créativité ?

Une personne que l'on qualifiera de créative est quelqu'un qui produit des idées, des objets, des comportements nouveaux. Mais cela ne suffit pas pour être créatif. Pour cela, il faut en outre que ces « nouveautés » aient une sorte de « valeur ajoutée », c'est-à-dire qu'elles apportent quelque chose en plus à son créateur ou aux autres. Par exemple, une personne juste « excentrique » n'est pas forcément créative. Le non-conformisme est utile pour la créativité, et l'accompagne même souvent, mais n'en est pas forcément une preuve.

La créativité est le fait de savoir croiser, assembler certaines informations pour les conjuguer de façon inédite. Créer, contrairement à ce que l'on croit, ce n'est pas forcément inventer quelque chose à partir de rien. Et heureusement ! La créativité, c'est la faculté d'assembler des éléments qui ne vont pas forcément ensemble. C'est plus une attitude, un état d'esprit, une façon différente de voir les choses. On peut se montrer créatif sans forcément inventer des choses grandioses ou avoir une étiquette « d'artiste », comme le dit bien Michaël à propos de sa femme. Ce peut être aussi inventer une nouvelle recette avec les restes du réfrigérateur, donner une touche de jeunesse et d'originalité à ses vêtements en modifiant simplement les boutons, ou même changer de chemin pour aller au travail ! La créativité n'est pas réservée à une élite !

Créativité et bonheur

La créativité, selon les psychologues, fait partie des traits de personnalité favorables au bonheur. En effet, l'inventivité est souvent liée à une certaine ouverture d'esprit, à une grande curiosité, elle nécessite également de la flexibilité et un certain non-conformisme. Toutes ces capacités sont importantes pour être heureux, puisqu'elles prouvent notamment une attention plus grande à son environnement, un désir intrinsèque de connaissances, une grande capacité d'adaptation, ainsi que l'acceptation de solutions nouvelles en réponse à une difficulté.

Créativité et frustration

En effet, la créativité est souvent stimulée par des difficultés, des obstacles, voire des manques ou des frustrations, qui nous forcent à réfléchir à de nouveaux moyens pour arriver à nos fins. L'industrie cinématographique en est un exemple parfait. Beaucoup de films sans moyens financiers sont plus créatifs que de gros « blockbusters », parce que le manque d'argent oblige ceux qui les réalisent à avoir des idées nouvelles, là où de gros studios auraient dépensé des millions au lieu de réfléchir à une façon plus « économique » de faire passer la même idée. De même, quand un film fait « un carton » au box-office, il est (hélas) commun que sa structure ou son concept soit copié pour d'autres réalisations beaucoup moins inventives…

Comment augmenter sa créativité ?

Comme le souligne Adeline, tout le monde peut améliorer sa créativité au quotidien, même quand on n'a pas une « âme d'artiste ». Cependant, il est plus facile de l'inhiber que de l'encourager : les habitudes, la non-curiosité, la suffisance peuvent anéantir la créativité. Le sentiment d'insécurité et le manque de confiance en soi sont également des inhibiteurs puissants.

Pour être créatif, il faut d'abord nourrir son esprit, développer son imaginaire. Aller voir une exposition, écouter de la musique, lire, faire du théâtre ou même du sport sont des activités qui alimentent notre matière grise. En effet, plus on a de connaissances, plus on est capable de les croiser pour faire apparaître quelque chose de nouveau et d'original.

De même, nous avons trop tendance à suivre nos habitudes. Quand on va faire les courses au supermarché par exemple, on achète tout le temps les mêmes choses. Il peut être utile d'acheter de temps en temps un produit qui sort de l'ordinaire, pour ensuite aller voir dans un livre de recettes la meilleure façon de l'accommoder… Et à mesure que l'on s'ouvre à ce genre d'exercices, il devient plus facile de créer ses propres recettes en opérant des recoupements avec ce qu'on a déjà fait par le passé…

À RETENIR

La créativité ou l'art de faire du neuf avec du vieux ?

Créer, ce n'est pas obligatoirement créer quelque chose de complètement nouveau. Toute création nécessite de l'inspiration. Et cette inspiration n'est souvent que le mélange insolite et original de concepts ou d'idées déjà existantes.

La créativité contribue au bonheur

En effet, l'acte de création est en soi gratifiant parce qu'il mobilise nos facultés intellectuelles (curiosité, ouverture…) ou physiques (habileté manuelle…) dans une démarche constructive, et ce, quel que soit le résultat.

La créativité peut être stimulée… ou inhibée

Un environnement sécurisant, une bonne estime de soi, de la curiosité, des connaissances larges et variées ainsi que la capacité à se remettre en cause, sont de bons facteurs de créativité (et de bonheur). Au contraire, le fait d'avoir des habitudes rigides ou le manque d'ouverture aux autres et à la nouveauté en général est souvent fatal à l'expression de soi et de sa créativité.

Faire la part belle aux relations positives

« L'amitié double les joies et réduit de moitié les peines. »

Francis Bacon

Témoignage

« J'ai travaillé pendant quelques années pour l'association SOS Suicides quand j'habitais à Paris. La première chose que l'on m'a demandée, quand j'ai posé ma candidature, c'est si j'étais bien entourée. En effet, les responsables de l'association s'étaient aperçus que certaines personnes volontaires pour ce genre d'activités le faisaient pour de mauvaises raisons : déjà seules elles-mêmes, elles voulaient compenser leur solitude en parlant à d'autres personnes encore plus seules, ce qui n'était pas, vous vous en doutez, une bonne solution : cela ne faisait souvent qu'aggraver la situation, puisque ces personnes ramenaient non seulement leur propre mal-être chez elles, mais aussi le mal-être des autres. Moi, je ne me sentais pas seule : j'avais mon copain, ma famille et mes amis, en cas de cafard après une permanence un peu difficile. En plus, le psychologue de l'asso restait disponible quasiment 24h sur 24h pour répondre aux bénévoles qui se sentaient mal. Enfin, il organisait toutes les deux semaines des séances de partage, pendant lesquelles tous les bénévoles étaient présents, et où l'on était libre de parler de nos ressentis et de nos doutes. Ces séances étaient très utiles aussi pour souder le groupe, et mieux connaître ceux qui bossaient pour l'association. Je m'y suis

fait de très bons amis. Ce qui m'a le plus surprise dans le travail que nous faisions pour l'association, finalement, c'était la nature des personnes qui nous appelaient. SOS Suicides est à l'origine une association qui est faite pour les personnes qui ont des idées noires, ou qui ont décidé de mettre fin à leur vie. Je m'attendais donc à gérer des urgences, dans le sens où je m'attendais à devoir convaincre les personnes au bout du fil à ne pas sauter du cinquième étage ou à ne pas allumer le gaz… Mais en fait, contrairement à mes attentes, la majorité des appels étaient le fait de personnes très seules, pas forcément prêtes à se suicider, mais qui avaient juste besoin de parler à quelqu'un, tout simplement. Pour vous dire, nous avions même des habitués ! L'un d'entre eux, qui disait s'appeler Jean, téléphonait depuis quatorze ans ! Je garde un très bon souvenir de ces années, et j'en profite pour passer un appel : il n'y a pas assez de bénévoles, alors faites une bonne action ! »

Tatiana, 35 ans

Un peu de théorie

Le soutien social, une condition indispensable au bonheur

Comme nous l'avons vu au fil des chapitres, il existe des conditions externes au bonheur, et des processus internes qui nous font ressentir notre état comme du bonheur. Parmi les conditions externes qui contribuent au bonheur (les « déterminants objectifs »), on trouve le fait d'être en bonne santé, d'avoir suffisamment d'argent ou de vivre dans un pays démocratique. Cependant, les psychologues, au fil des multiples études menées sur le bonheur, ont déterminé que la seule différence entre les personnes très heureuses et les autres était le fait de vivre des relations positives et satisfaisantes avec son entourage. Ce facteur ne garantit évidemment pas le bonheur, puisque des événements négatifs arrivent malheureusement même quand on est entouré, mais ne pas avoir de relations positives est un des éléments les plus néfastes pour le bien-être personnel, comme en témoigne aussi Tatiana.

En effet, les sentiments positifs que l'on entretient avec les gens que l'on aime sont des exhausteurs de bonheur : cela signifie que le fait d'aimer quelqu'un et d'être aimé en retour intensifie de façon notable le sentiment de bonheur. D'ailleurs, la joie est une émotion que l'on a envie de partager. Ne vous est-il jamais arrivé d'apprendre une bonne nouvelle et d'être frustré de ne pouvoir la partager tout de suite avec ceux que vous aimez ? Le fait de la partager la rend encore plus forte, comme multipliée par le nombre de personnes qui en sont touchées.

Cultiver ses relations

Comme nous le voyons avec le témoignage de Tatiana, les personnes seules ont tendance à ruminer des idées noires beaucoup plus que les personnes entourées. Ce phénomène est évidemment facile à comprendre : les amis, la famille, ou le compagnon apportent une aide précieuse en cas d'événements malheureux. Ils sont présents pour consoler, écouter, donner des conseils, et il est donc crucial de cultiver ses relations.

En revanche, nul besoin d'avoir des centaines d'amis : les réseaux sociaux comme on les appelle, ne changent en rien la solitude de certaines personnes, qui, via ces réseaux, cherchent plus à être reconnues (notamment via des photos avantageuses ou un nombre d'amis important) qu'à être réellement connues. Pourquoi privilégier alors les relations virtuelles ? Il est bien plus utile d'avoir une poignée d'amis proches à portée de main, qu'une centaine « d'amis » à portée de clics…

De même, il existe certains couples, qui, à force d'être fusionnels, finissent par s'éloigner durablement de leurs amis, parce qu'ils estiment avoir une relation tellement riche qu'elle se suffit à elle-même. Rien de plus faux malheureusement. Une relation qui se renferme sur elle-même est une relation en sursis, qui s'appauvrit et finit par s'étioler. Et puis, une fois la rupture consommée, comment rattraper les amis négligés ?

Faire le point sur ses « compétences sociales »

Les compétences sociales sont les capacités que l'on développe et qui nous servent à nous sentir bien en société. L'extraversion, l'empathie, l'ouverture, la réactivité émotionnelle en font partie. Les personnes les plus heureuses sont celles qui développent de bonnes compétences sociales et vice-versa. Il est vrai que ces compétences se construisent au cours de l'enfance, au sein d'une famille équilibrée et aimante, mais elles peuvent aussi être améliorées tout au long de la vie, notamment à travers l'apprentissage social. L'apprentissage social est le fait d'imiter les autres, de les prendre pour modèles pour déterminer son propre comportement. Ici, cela pourrait être de bien observer les personnes qui paraissent heureuses autour de nous, éventuellement de discuter avec elles, pour s'inspirer de leur philosophie.

Mais le plus important, pour développer ses compétences sociales, c'est de se poser une question très simple, mais qui mérite réflexion : est-ce que je consacre suffisamment de temps aux personnes que j'aime : c'est-à-dire : est-ce que je leur montre suffisamment mon amour ? Répondre à cette question, et essayer de la mettre en pratique, c'est déjà un premier pas vers le bonheur…

À RETENIR

Le secret des personnes très heureuses

La solitude et le sentiment de n'avoir personne avec qui partager ses joies et ses peines sont les deux causes les plus répandues du sentiment de malheur. Et dans ces situations, avoir de l'argent ou même un métier que l'on aime semble bien dérisoire. Les personnes les plus heureuses sont celles qui savent le mieux s'entourer, notamment parce que l'amour et l'amitié intensifient le sentiment de bonheur.

Savoir cultiver ses compétences sociales

Devenir plus extraverti, plus ouvert, plus empathique peut se travailler, à l'aide notamment des bonnes personnes. Discuter et échanger avec les personnes qui semblent heureuses et appliquer certains de leurs conseils peut être une des clefs pour s'améliorer.

Passer du temps avec les personnes que l'on aime

Mais le plus important des conseils que ces personnes heureuses peuvent vous donner est certainement celui de passer le maximum de temps avec ceux qui vous font du bien. Ce conseil peut sembler superflu, voire même idiot… Mais si l'on y réfléchit, il arrive très souvent que l'on privilégie à tort certaines activités dont on retire finalement peu de bien-être, au détriment de notre entourage…

Savoir profiter du présent

« Rien n'empêche le bonheur comme le souvenir du bonheur. »

André Gide.

Témoignage

« Il y a quelques années, j'ai failli mourir dans un accident de voiture. Je suis restée une semaine dans le coma, et ma famille a bien cru que je ne me réveillerais jamais. Comme beaucoup de personnes ayant vécu une telle expérience, ma vision des choses a énormément changé depuis que je me suis remise de cet accident. Inutile de dire que je fais beaucoup plus attention en voiture ! Mais à part cela, j'ai l'impression d'avoir vraiment pris la mesure de ma vie. Le fait de l'avoir quasiment perdue, le fait de penser qu'elle ne tient finalement qu'à un fil, et que demain pourrait être mon dernier jour a grandement modifié mes relations aux choses et surtout aux gens. Je sais que vous avez déjà dû entendre ce discours des milliers de fois, et moi-même je le trouvais un peu "gnangnan" avant de ressentir ceci à mon tour, mais ce n'est que la vérité !

Avant par exemple, j'étais quelqu'un d'assez inquiet. Je m'angoissais pour tout et souvent pour rien, d'ailleurs, et cela pouvait me gâcher certains moments sans raison valable. Je me rappelle notamment de certains de mes anniversaires, où je me disais "Encore un an… faut-il commencer à économiser pour la maison de retraite ?" Je dramatisais souvent les situations les plus bénignes, j'imaginais toujours le pire... J'étais attachée à ma petite routine, qui me rassurait... Et je réalise maintenant combien cela m'empêchait d'être parfaitement heureuse, alors que j'avais tout pour l'être !

Je me rappelle particulièrement le moment après l'accident où je me suis dit pour la première fois : "T'as changé, ma vieille." J'étais à un dîner organisé par d'anciennes camarades de fac, auquel je m'étais sentie un peu obligée d'aller. Il y avait des gens que je n'avais pas vus depuis des années, depuis mon DEA en fait. D'autres étaient des copines que je voyais de loin en loin. Je me suis aperçue qu'une fois les platitudes d'usages échangées, tout le monde s'attachait à exhumer les vieux souvenirs, en parlant du "bon vieux temps", du temps où l'on n'avait qu'à se soucier de ses notes... Et puis j'ai pensé tout d'un coup que pour moi, ce n'était pas le bon vieux temps ! Que finalement j'étais plus heureuse maintenant, avec mon métier, ma famille... En fait, je trouvais ça plutôt glauque de ressortir les vieux dossiers en disant "c'était tellement mieux avant !" Je ne voulais pas faire partie de ces vieux qui se complaisent dans leurs souvenirs idéalisés... Je veux profiter de ma vie, moi ! »

Angélique, 37 ans

Un peu de théorie

Le bonheur se conjugue surtout au présent

Quand on lit le témoignage d'Angélique, on comprend tout de suite ce que profiter du présent signifie. Adopter la philosophie de ceux qui ont échappé à la mort ne signifie pas seulement « faire comme si demain était son dernier jour » : cela n'implique pas forcément de faire n'importe quoi, ou de prendre des risques inconsidérés pour se prouver que l'on est bien vivant… Cela signifie surtout garder les yeux ouverts et rester conscient de son environnement et de ce qui s'y passe, ici et maintenant…

Arrêter de vouloir toujours tout prévoir

Le problème avec les personnes anxieuses, ce n'est pas tant leur prudence, qui serait plutôt un point fort à garder et à cultiver. Leur problème, c'est qu'à vouloir trop sécuriser leur environnement et surtout leur avenir, elles finissent par passer à côté de certains trésors, tout simplement parce que leur attention n'est pas fixée sur le bon objet… Comme si, à force de regarder l'horizon, elles ne pouvaient voir les fleurs qui poussent à leurs pieds. Comme Angélique, qui pense à sa retraite alors qu'elle devrait être heureuse de passer du temps avec sa famille pour fêter son anniversaire…

Verrouiller trop fortement son futur est donc le meilleur moyen de rater le meilleur de ce qu'il réserve, puisqu'on se ferme de façon irrémédiable à toutes les bonnes surprises qu'il pourrait nous apporter… Car comment savoir si ce que l'on prévoit pour son avenir est vraiment ce que l'on souhaitera au moment de le vivre ?

Se souvenir du passé, non en être l'esclave

Comme le dit si bien André Gide : « Rien n'empêche le bonheur comme le souvenir du bonheur. » Nous avons tous tendance à idéaliser certains souvenirs qui – lorsqu'on y repense – nous procurent du bonheur (un bonheur teinté de nostalgie), mais qui se transformeraient en cauchemar si une fée nous y replongeait pour de vrai ! La mémoire a ceci de surprenant qu'elle sélectionne les souvenirs les plus chargés émotionnellement : ce sont ceux dont on se souvient le mieux : le parfum de sa maman, l'odeur des gâteaux de Mamie, le premier baiser… Mais cela ne veut pas dire que ces souvenirs sont exacts : le temps qui passe, les expériences que l'on a vécues depuis modifient les souvenirs pour les rendre plus beaux, plus conformes à notre idéal. C'est pour cela que certaines personnes répètent souvent à la cantonade : « C'était mieux avant… De mon temps… » Mais rester sur un passé aussi glorieux qu'illusoire fait-il avancer les choses ? Certains d'entre nous rêvaient d'être astronautes, médecins, aventuriers… et sont devenus employés de banque, fleuristes, ou professeurs. Doivent-ils forcément être malheureux et se morfondre parce que leur vie ne correspond pas à leurs rêves d'enfants ? Ne serait-ce pas plutôt se voiler la face que de ne pas affronter le présent ? Comment être heureux si on ne fait pas la paix avec son passé ?

On dit qu'on est la somme de nos expériences. En effet, nous sommes conditionnés, orientés par la famille dans laquelle on a grandi, par les études que l'on a suivies, les relations que l'on a nouées. Tout cela est vrai. Et alors ? Cela empêche-t-il de faire des choix ?

Prendre ses responsabilités non comme des fardeaux mais comme des opportunités

Et en effet, plus on avance, plus la vie devient complexe et difficile. Quand nous étions à l'école, la seule chose dont la majorité d'entre nous avait vraiment à se soucier, c'était les heures de colle et le carnet de notes, c'est vrai. Puis la vie se complique, les responsabilités s'alourdissent. Ce qu'il faut comprendre, c'est qu'avoir des responsabilités n'est pas forcément avoir une vie difficile, c'est seulement avoir une vie plus riche, avec plus d'attentes, plus de pression, mais aussi certainement plus de satisfactions, plus de liens avec les gens, plus de possibilités de grandir, de mûrir, de se bonifier…

Il est important de se rappeler que ce que nous sommes est en effet le résultat du passé, mais que nous sommes aussi des êtres libres d'une certaine manière, et que l'on a toujours la possibilité de changer, en mieux de préférence…

À RETENIR

Anticiper son malheur, c'est déjà le construire à demi

Il est utile d'être prévoyant, mais inutile de vouloir prévoir tout ce qui se passera dans le futur. En effet, cela a un effet sécurisant, mais aussi limitant. Surtout que les personnes qui s'inquiètent facilement anticipent rarement des choses heureuses… Si nous mettons notre vie sur un rail, comment faire pour visiter ce qui n'est pas visible du wagon que l'on a choisi, et qui vaudrait pourtant le coup d'œil ?

Ne pas (trop) regretter le passé

Nous sommes ce que nous sommes parce que nous vivons des expériences qui nous façonnent petit à petit. Mais même si nous subissons l'influence du passé, et même si ce passé peut sembler rose comparé au présent, s'y réfugier est souvent le meilleur moyen de rater les bons moments qui se déroulent maintenant…

S'aimer pour être heureux

« Le plus grand secret pour le bonheur,
c'est d'être bien avec soi. »

Bernard Le Bouyer de Fontenelle

Témoignage

« J'ai été adopté quand j'avais quatre ans. Je suis coréen d'origine, mais je n'ai jamais eu aucun lien avec ce pays, et ce jusqu'à très tard. Le problème, quand on a été adopté, c'est qu'on peut manquer de repères, surtout quand on "paraît" étranger et qu'on ne ressemble donc ni à ses parents, ni à sa famille, ni à ses amis, ni au reste du monde qui nous entoure ! Pendant longtemps j'ai eu l'impression de ne pas trop savoir qui j'étais, et de fait d'être "moins bien" que les autres. Mes parents avaient gardé mon prénom coréen, Kwon-Baek, mais j'avais un nom de famille bien français, Leroux. Je n'avais évidemment aucun accent et j'étais de culture française, ce qui n'empêchait pas certaines personnes de me demander de quel pays j'étais ! J'avais envie de leur dire simplement que j'étais français, comme eux, mais évidemment, cette explication ne les satisfaisait pas ! J'avais l'impression de devoir toujours me justifier, d'être rabaissé parce que différent des autres, ce qui me mettait énormément en colère… D'ailleurs je me suis souvent battu en classe, quand on m'appelait le "Chinetok". Le pire, c'est quand on me félicitait parce que "je parlais bien français…". Et puis il y a quelques années, après avoir bourlingué, j'ai décidé de faire la paix avec mes origines. Moi qui ne m'étais

jamais intéressé à la Corée, qui rejetait ce pays en bloc, j'ai commencé à prendre des cours de coréen au centre culturel. Je ne m'y attendais pas, mais j'ai rencontré plein de gens qui étaient comme moi, et le fait de partager nos mésaventures m'a beaucoup apaisé : je n'étais pas le seul à souffrir de ce grand écart culturel. Et après deux ans de cours, j'ai décidé de partir tout seul à la découverte de mon pays. Je suis parti là-bas un mois : la Corée est un petit pays, on peut voir beaucoup de choses en quatre semaines.

Au début, j'ai été assez perturbé : j'avais l'impression de me voir partout ! Et puis j'ai découvert une chose importante : alors que mes yeux bridés m'avaient toujours paru un fardeau, je me suis rendu compte que c'était en fait une force, et que cela faisait partie de mon identité, de mon originalité. J'ai eu l'impression de me redécouvrir là-bas, dans ce pays qui était pourtant aussi étranger pour moi que pour n'importe quel Européen ! Je me suis rendu compte de ma chance de ne pas avoir une seule facette à explorer et à exploiter ! Maintenant, je ne me mets plus en colère quand on me demande d'où je viens : je le dis sans me sentir remis en cause, et j'en suis même fier… »

Kwon-Baek, 32 ans

Un peu de théorie

S'accepter pour se donner le droit d'être heureux

Nous ne sommes jamais tels que nous voudrions être. Nous traînons tous des « casseroles » plus ou moins lourdes, que nous gérons plus ou moins bien. Pour certains, ce sont des complexes liés à un physique qu'ils jugent disgracieux. D'autres ont honte de leur origine modeste (ou étrangère !), ou du fait de ne pas avoir fait d'études. Les réactions peuvent alors être différentes selon les individus : certains vont se cacher et s'efforcer de paraître transparent tout au long de leur vie. D'autres au contraire vont compenser et chercher à combler ce qu'ils considèrent comme des manques. D'autres encore vont développer une grande susceptibilité et une grande agressivité dès qu'ils se sentiront attaqués sur ce qu'ils considèrent être leur point faible, comme Kwon-Baek dans son témoignage. D'autres enfin en voudront à la terre entière, à leurs parents, à leur pays et encore plus à eux-mêmes, de ne pas avoir eu la chance d'être conformes à leur idéal. Mais tous ont un point commun : celui de ne pas accepter pleinement leur identité. Et comment être heureux quand on ne s'accepte pas soi-même ?

Accepter son identité, c'est, dans un premier temps, prendre conscience de ce qui fait nos forces et nos faiblesses, sans se voiler la face, mais sans exagérer non plus et sans se placer en position de victime. S'accepter implique donc de bien se connaître, de connaître non seulement son histoire, ses racines, mais aussi d'être connecté avec ses émotions tant négatives que positives, de ne pas forcément refouler ce qui fait mal ou ce qui fait honte, de savoir ce qui provoque cette honte et cette douleur, et pourquoi. C'est aussi faire la différence entre ce qui relève de sa responsabilité : ses échecs, ses réussites, ses efforts, et ce dont on n'est pas responsable. C'est aussi accepter que la vie distribue les cartes de façon inégale, sans en vouloir inutilement à soi-même ni à ceux qui nous entourent...

S'accepter, non se résigner

Mais pour être heureux, il ne suffit pas non plus de se dire que l'on est comme ça, qu'on ne l'a pas choisi et qu'il faut faire avec : ce serait trop facile ! S'accepter est en effet une des équations à résoudre, mais il y en a d'autres, avec bien des inconnues à découvrir. Se connaître n'est que la première étape, la deuxième étant de vouloir s'améliorer, ou au moins de s'en donner le droit.

En effet, tant de gens se limitent eux-mêmes en pensant qu'ils ne sont pas capables d'apprendre de nouvelles choses ! Parce qu'ils ont eu une enfance difficile et n'ont jamais eu une bonne image d'eux-mêmes, parce que leur famille ne les a jamais poussés à s'ouvrir ou à se dépasser, parce qu'ils n'ont jamais eu d'exemples positifs, ils croient devoir végéter dans une vie terne… Alors qu'ils ont des trésors enfouis en eux, sans même en avoir conscience ! Comme Kwon-Baek qui prenait son origine coréenne comme un handicap, avant de s'apercevoir enfin que ce n'était pas une faiblesse, mais une force. Prendre conscience de cette force lui a permis d'accepter cette partie de son identité, et même, disons-le, de l'aimer.

S'accepter… pour mieux s'aimer !

L'acceptation de soi et une bonne estime de soi (c'est-à-dire une image positive de soi) sont des données importantes dans la recherche du bonheur. Sans ces éléments, tous les autres sont superflus : ne pas s'aimer implique forcément de ne pas apprécier les bonnes choses de la vie, puisqu'on considère en quelque sorte ne pas les mériter, ou au contraire en mériter plus, pour combler ce vide en soi. Une fois que l'on s'accepte, ou que l'on accepte une de nos caractéristiques en particulier, il est alors facile d'en tirer avantage, d'en être fier, et de comprendre que notre originalité vient de nos différences, que ce sont ces différences qui nous donnent notre valeur. Aimer ces différences, les mettre en avant et les utiliser au mieux : tout cela est la base de l'amour de soi, de la confiance en soi… et du bonheur d'être soi.

À RETENIR

S'accepter : le premier pas vers le bonheur

Le bonheur durable doit se construire sur un terrain solide et sûr, c'est-à-dire un individu qui se connaît bien, qui a conscience de ses limites, mais aussi de ses facultés, et qui les accepte les unes et les autres.

S'accepter pour mieux s'améliorer

Ce n'est pas tout de prendre conscience de ses points forts et de ses points faibles, encore faut-il faire des efforts pour progresser ! Le bonheur, c'est une constante actualisation de son potentiel, de ses ambitions, de son devenir. Le bonheur, ce n'est pas un état statique, mais bien une évolution de soi.

S'accepter pour commencer à s'aimer

Une fois que l'on s'est accepté, il n'y a qu'un pas pour pouvoir s'aimer. Il suffira de regarder en arrière pour voir le chemin parcouru… Car se rendre compte des efforts fournis, c'est en quelque sorte se dire que l'on mérite bien, maintenant, une petite part de bonheur…

Mieux gérer sa culpabilité

« On est tous coupables, ne prends rien de plus que ta part de culpabilité. »

Claire de Lamirande

Témoignage

« Je me sens parfois un peu coupable d'avoir quitté la maison de mes parents. Non pas que je regrette mon indépendance, pas du tout, et je ne reviendrais en arrière pour rien au monde… mais je m'inquiète souvent pour mon petit frère et j'aimerais pouvoir l'aider. J'ai l'impression qu'il ne prend pas forcément le bon chemin, mais ça fait si longtemps que l'on ne se voit plus que quelques fois par an…
Je suis partie très jeune, à 16 ans de chez mes parents. En fait j'ai été en internat à partir du lycée, à 150 kilomètres de chez moi, et je ne revenais que le week-end, si encore je revenais. Puis j'ai terminé mes études rapidement, et j'ai déménagé encore plus loin pour trouver du travail. À ce moment-là, mes parents ont divorcé et mon petit frère est parti vivre chez ma mère. Mais elle-même n'était pas vraiment au top, donc elle a laissé Gabriel partir à vau-l'eau. Il a raté son bac, puis a travaillé par-ci par-là… Maintenant, il travaille dans un petit bar miteux qui fait PMU, et j'aimerais qu'il se reprenne en main, pour faire des études par exemple. Le pire, c'est qu'il en a parfaitement les capacités, mais il est un peu buté. Je sais qu'il a dû encaisser le divorce de nos parents tout seul, parce que moi j'étais déjà partie, et je sais aussi que mes parents se défoulaient un peu sur lui, qu'il

faisait un peu tampon entre les deux… En même temps, qu'est-ce que j'aurais pu faire de plus ? Je ne m'entends pas avec mes parents, et c'est d'ailleurs la raison pour laquelle ils m'ont envoyée à l'internat. J'essaie d'appeler Gaby le plus souvent possible, de le conseiller, mais ce n'est pas facile quand on ne se voit pas tous les jours. Et puis ma culpabilité m'empêche de lui parler franchement, de lui dire qu'il fait n'importe quoi, de le secouer un peu, parce que j'ai trop peur qu'il me dise : "Et toi, t'étais où quand je ramassais les pots cassés entre papa et maman ?" Parce qu'à ce moment-là, j'étais loin et je ne voulais certainement pas entendre parler des histoires de divorce et du reste…

Alors, bon, je fais avec ma culpabilité. Je me dis aussi que chacun a sa vie, que chacun peut s'en sortir, que Gabriel est jeune et qu'il est plein de ressources. J'essaie, à chaque fois que je le vois, de le booster, de passer des moments agréables avec lui… Et il faut bien se dire que la vie que je rêve pour lui n'est peut-être pas celle dont il rêve lui… En plus je ne suis pas sa mère n'est-ce pas ? »

Fabienne, 28 ans

Un peu de théorie

Le complexe d'Atlas

Nous avons tous des regrets, des cadavres cachés dans les placards de notre culpabilité. Même les gens heureux ressentent de la culpabilité, parce que la culpabilité c'est parfois juste le sentiment de ne pas avoir fait la bonne chose au bon moment, de ne pas avoir aidé de la meilleure façon, ou d'avoir un peu vite tourné le dos à quelqu'un qui en avait besoin. Qui peut se targuer de n'avoir aucune amertume par rapport à son passé ? Cette culpabilité, nous l'avons parce que nous nous soucions des personnes que nous aimons.

Elle existe parce que nous avons tous notre idéal : l'autre nous-mêmes qui serait parfait, ne ferait jamais d'erreur, prendrait toujours la bonne décision. Elle existe parce que nous voulons le meilleur pour nos proches, pour nos enfants, nos frères et sœurs, nos parents, nos amis. Sans cette culpabilité, nous ne serions plus que des machines, sans cœur et sans émotions.
Le complexe d'Atlas est le fait de vouloir porter le monde sur son dos. C'est le fait de vouloir, ou de croire, que le monde entier repose sur soi. C'est un complexe commun à une immensité de personnes, car chaque personne est le point névralgique de son propre univers. Et étant au centre, il est normal qu'elle croit que le monde tourne autour d'elle. Mais c'est sans compter les limites et les responsabilités de chacun…

Définir les limites de sa propre responsabilité

Comme Fabienne, nous avons peut-être déjà ressenti ce pincement au cœur, cette tristesse mêlée de culpabilité, quand l'un de nos proches marche sur des chemins difficiles et que nous ne pouvons l'aider. Cependant, il est important d'avoir en tête que nous ne pouvons aider tout le monde. Nos limites sont là où commence la liberté des autres. Chacun de nous a sa vie, ses difficultés, ses ambitions, ses préoccupations. Aider quelqu'un, c'est comme garder contact avec un vieil ami : il faut que les deux veuillent garder contact pour que cela fonctionne, sinon l'un des deux s'épuise à vouloir atteindre l'autre. Quand nous ressentons de la culpabilité, nous voulons réparer l'erreur. Mais il faut se poser certaines questions avant que ce sentiment devienne omniprésent et nous gâche la vie : « Qu'aurais-je réellement pu faire pour éviter mon erreur ? », ou encore « Avais-je, ou ai-je encore réellement les moyens de réparer cette erreur ? », et enfin « Suis-je réellement responsable de ce qu'il s'est passé ? ». Le complexe d'Atlas nous fait souvent ressentir une sorte de « vanité » mal placée, qui nous donne l'impression d'avoir le pouvoir sur beaucoup de choses dans notre entourage, alors que la réalité est toute autre…

Redistribuer les responsabilités de chacun

En effet, nous avons en fait très peu de contrôle sur notre environnement et sur les gens qui en font partie, et nous avons tendance à l'oublier, rois que nous sommes de nos propres univers personnels. Comme le conducteur qui pense avoir le contrôle total de son véhicule et qui oublie que le comportement des autres véhicules est imprévisible, nous pensons pouvoir contrôler les gens qui nous entourent, en avoir la responsabilité…

Cependant, il faut bien être lucide : chacun n'a que la responsabilité de sa propre vie (mis à part bien sûr les parents d'enfants incapables de prendre leurs propres décisions). Et nous nous chargeons trop souvent, et à tort, de celle des autres, pour ensuite ressentir la culpabilité de ne pas avoir été à la hauteur !

Fabienne a, elle, plus ou moins réussi à faire un tri dans les responsabilités de chacun : elle sait qu'elle ne pouvait rien faire au moment du divorce, car elle ne s'entendait pas avec ses parents et avait besoin à ce moment-là de vivre sa vie. Elle pense également que c'est sa mère qui n'a pas assumé son rôle de mère, en ne cadrant pas suffisamment son fils, tout en concédant que son état n'était pas assez stable pour pouvoir le faire correctement. Enfin, elle essaie, dans la mesure du possible, de « réparer les erreurs », c'est-à-dire de combler son absence, en passant du bon temps avec son petit frère.

Souvent, dans la vie, nous cherchons des coupables à certaines situations, alors que dans la plupart des cas, les circonstances sont telles que nous ne pouvons que suivre un certain mouvement. Mais à force de chercher un coupable (soi ou les autres), on oublie de chercher une issue, une solution, un peu de bonheur…

À RETENIR

La culpabilité est normale et elle peut être saine

Vouloir le meilleur pour son entourage, aider ceux qui comptent pour nous, sont souvent nos priorités. La culpabilité vient parfois de ce complexe d'Atlas qui nous trompe en nous faisant croire que nous avons un pouvoir plus grand qu'il ne l'est réellement.

Bien définir ce sur quoi nous avons du pouvoir

Il faut savoir alléger cette pression intérieure, en reconnaissant les limites de son action et les responsabilités de chacun. Plus encore, certaines circonstances malheureuses de la vie ne nous laissent pas le choix que de suivre le courant. Ce n'est pas en cherchant un coupable que l'on peut sortir la tête de l'eau, mais c'est en cherchant une solution pour ne pas être submergé…

Les avantages de l'optimisme

« Le comble de l'optimisme, c'est de rentrer dans un grand restaurant et compter sur la perle qu'on trouvera dans une huître pour payer la note. »

Tristan Bernard

Témoignage

« Je suis plutôt une personne positive et je crois profondément en la nature humaine. Je suis instituteur, c'est vrai, et ma position n'est donc pas si extraordinaire que cela ! Je serais un bien piètre instit', si je pensais que certaines personnes ne peuvent s'améliorer ! Pour moi, essayer de voir les choses du bon côté, c'est presque un devoir moral.

En fait, quand j'ai eu six ans, j'ai eu une maladie très grave : j'ai dû être hospitalisé pendant plusieurs mois et j'ai même été opéré du cœur à deux reprises. Cela a profondément changé ma vision des choses. Rassurez-vous, je ne suis pas non plus du style à m'extasier sur tout et n'importe quoi en criant "la vie est belle !", mais ma maladie m'a finalement transmis quelque chose de positif. Le fait d'avoir guéri de cette affection qui aurait pu être mortelle m'a vraiment fait croire en la vie, et en nos capacités à faire le bien au lieu du mal…

Ces derniers temps, je suis un peu énervé par ces discours fatalistes que l'on peut entendre un peu partout. Il est vrai que la situation n'est pas toujours rose et il est même probable que cela n'aille

pas en s'arrangeant. Mais ce n'est pas une raison pour baisser les bras ! La dernière fois, j'étais à une soirée organisée par des copains, et je discutais avec une fille. On avait à peu près le même âge, et je lui ai demandé si elle avait des enfants, ou si elle en voulait. Elle m'a regardé d'un air désolé en me disant qu'elle ne voulait "pas d'enfants parce que de toute façon la planète était foutue, et que d'ici cinquante ans au plus on subirait une explosion nucléaire ou autre chose". Elle ne voulait pas faire "des enfants condamnés d'avance...". J'ai horreur des gens qui pensent comme ça. Si on pensait tous ainsi, on ne serait pas près de s'en sortir, ça c'est sûr ! Autant se suicider maintenant !
Il y a pour moi une différence profonde entre être pessimiste catastrophiste comme l'était cette fille (qui se croyait en plus au-dessus de tout le monde en disant ces âneries), et conserver un optimisme réaliste comme j'essaie de le faire. On peut être conscient des problèmes sans forcément se vautrer dedans. C'est comme prévoir un malheur, ne rien faire pour l'empêcher, et sourire quand il arrive, en criant aux autres : "Je vous l'avais bien dit !" Je pense que nous pouvons tous faire quelque chose pour arranger les situations, et je serais très malheureux si un jour je perdais cette conviction... »

Gaëtan, 33 ans

Un peu de théorie

Mieux vaut imaginer le pire pour ne pas être déçu...

L'optimisme, il est vrai, est aujourd'hui un mot un peu galvaudé, dans ce monde où les informations circulent en temps réel, et où la moindre catastrophe est connue en même temps à New York, à Pékin et dans n'importe quelle autre partie du monde. Il est aussi vrai que le pessimisme est mieux considéré dans notre pays, où l'on se plaît à dire : « Mieux vaut imaginer le pire pour ne pas être déçu. » On préfère en général comparer le pessimisme au réalisme, et les personnes pessimistes sont également considérées comme plus « sérieuses »... À l'image d'un Candide voltairien un peu ridicule, l'optimiste est plutôt assimilé à un être naïf ou ingénu, bien agréable à écouter, mais inutile en temps de crise. Réalisme, quand tu nous tiens...

Et pourtant, rien ne vaut une bonne dose d'optimisme en tant de crise ! D'ailleurs, les publicitaires et autres magnats du spectacle le savent bien : les comédies ne marchent jamais mieux qu'en temps d'économie morose... Pour quelle raison ? Parce que l'optimisme, c'est l'espoir !

Définition de l'optimisme

L'optimisme est en effet, par définition, une manière d'appréhender l'avenir de façon positive, même si la situation présente est délicate ou difficile. C'est une façon de se dire qu'après-demain peut être meilleur qu'aujourd'hui, même si demain se présente mal. L'optimisme est donc basé sur l'espoir (le contraire du désespoir, qui affecte tant les pessimistes...), mais il se nourrit également d'autres forces : de la conviction que l'on n'est pas impuissant face au futur, ainsi que d'une certaine confiance en soi et en ses capacités.

La vie est en effet une mine de surprises : même quand nous réfléchissons longuement pour prendre une décision, celle-ci est toujours issue d'informations incomplètes, qui peuvent donc orienter les résultats de notre décision de façon inédite. L'optimisme est de croire que ces surprises peuvent être mauvaises comme elles peuvent être bonnes. Cela n'empêche pas de s'en prémunir dans une certaine mesure, mais l'optimiste, en ne pariant pas forcément sur la mauvaise surprise, reste plus ouvert aux opportunités qui peuvent se présenter, pour éventuellement changer le cours de son destin... en étant plus réactif.

Accepter l'adversité

L'optimiste est aussi plus actif dans l'adversité. Croyant fermement en son pouvoir de changer le cours des choses, il ne reste pas passif, comme celui qui se pense impuissant (« pourquoi bouger puisque de toute façon tout va mal se finir ? »). De plus, l'optimiste est en général quelqu'un de centré sur les solutions et il fait également preuve pour résoudre ses problèmes de plus de créativité que le pessimiste. Ce dernier préfère effectivement éviter les difficultés plutôt que les affronter, ce qui a pour effet mécanique un appauvrissement des opportunités : il a moins de chances d'être malheureux et de souffrir, certes, mais il a aussi moins de chances de vivre heureux et dans le bonheur. Tout comme la jeune femme rencontrée par Gaëtan, qui dit ne pas vouloir d'enfants pour éviter leur malheur, le pessimiste se résout à ne pas vivre certaines expériences pour ne pas avoir à vivre leur issue, qui sera forcément négative.

Transmettre la « positive attitude »

L'optimiste a une image positive du monde qui l'entoure. Il pense que quelqu'un peut changer s'il est aidé et s'il fait des efforts pour se réaliser. Il est donc clair que l'optimiste a de bien meilleures chances d'aider son prochain que le pessimiste (qui aime se complaire dans un certain malheur, malheur qui confirme sa vision sombre du monde)... Et même s'il peut être énervant d'avoir à ses côtés quelqu'un de toujours positif (surtout quand on est soi-même « un peu au fond du trou »), c'est souvent une personne optimiste qui nous remonte le moral et nous fait croire de nouveau en quelque chose... Comme quoi l'optimisme pourrait être contagieux.

À RETENIR

L'optimisme, c'est un peu d'espoir même quand tout va mal

On critique beaucoup l'optimiste, le qualifiant de naïf et d'irréaliste. Mais beaucoup d'études prouvent au contraire qu'avoir une bonne dose d'optimisme permet d'appréhender la vie d'une manière plus positive et de trouver plus facilement des solutions à ses problèmes.

Savoir affronter les difficultés

En effet, pendant que le pessimiste prévoit de vivre un malheur certain et s'y résigne de façon fataliste, l'optimiste essaie lui de chercher des solutions qui pourraient éventuellement changer le cours des choses. De même, alors que le pessimiste attend forcément les mauvaises surprises, l'optimiste reste ouvert aux opportunités, provoquant ainsi « sa chance »…

Avoir une image positive des autres

L'optimisme n'est pas seulement le fait d'avoir une vision positive du futur. C'est aussi une philosophie de vie, qui encourage à garder une vision positive de ceux qui nous entourent, afin de leur transmettre une image bienveillante d'eux-mêmes…

Cultiver son optimisme

« Ne succombez jamais au désespoir.
Il ne tient pas ses promesses. »

Jerzy Lec

Témoignage

« Je me souviens de ma grand-mère comme si elle nous avait quittés hier seulement. C'était une grande et forte femme, toujours active, même (et surtout) après sa retraite, et qui pouvait en remontrer aux plus jeunes d'entre nous. Elle avait une énergie incroyable et un amour de la vie véritablement édifiant, alors même qu'elle n'avait pas eu une vie franchement facile, marquée par les guerres, le deuil et la maladie. J'allais souvent la voir quand j'étais jeune, et j'adorais discuter avec elle le dimanche après-midi, autour d'un Scrabble et d'un thé.

Elle avait perdu son premier mari assez tôt, après avoir eu ma mère, et elle s'était remariée rapidement avec un homme charmant, Charles, que ma mère aimait beaucoup. Malheureusement, lui aussi est mort cinq ans après, lui mais aussi leur bébé, dans un accident de voiture. Ma grand-mère a été effondrée, évidemment, mais elle m'a souvent dit qu'il fallait laisser le malheur là où il était, et ne pas le laisser gagner sur tous les fronts, sous peine de perdre tout ce que l'on avait. Elle voulait dire par là que tout n'est jamais totalement mauvais, et que même dans le malheur il fallait voir le bonheur. Comme je ne comprenais pas ce qu'il fallait voir de bien dans ce déluge de morts, elle me disait qu'elle s'était réjouie de voir toute la famille réunie pour

la mort de Charles, et qu'elle avait été touchée par les témoignages d'amitié et d'amour de la part de tous ses proches...
Encore maintenant, je me rappelle de certains de ses préceptes pour "mieux vivre". Elle me disait souvent qu'il valait "mieux prévenir que guérir" et qu'il était possible d'écarter certaines maladies en faisant attention à son hygiène de vie. Elle mangeait toujours équilibré, ne fumait pas, buvait de façon raisonnable (elle adorait le vin cependant). De fait, elle est restée en bonne santé jusqu'à ce qu'un infarctus la terrasse à 82 ans. Je me souviens encore qu'une semaine avant sa mort, elle m'avait demandé de regarder pour elle le tarif des croisières sur le Nil... Elle avait toujours des projets, et ce à plus de 80 ans...
Aujourd'hui encore, quand je suis dans l'hésitation, je me demande ce que ma grand-mère aurait fait à ma place. J'essaie de suivre ses conseils, de toujours rester positive. Ce n'est pas facile, mais je crois que c'est en effet une des recettes du bonheur... »

Daphné, 42 ans

Un peu de théorie

Protéger la vision que l'on a de soi

Les optimistes ont tendance à protéger leur confiance en eux, en attribuant leur infortune à un facteur extérieur (et leur bonne fortune à eux-mêmes : c'est ce que l'on appelle le biais d'auto-complaisance...). Évidemment, nous ne recommandons pas de rejeter systématiquement la faute sur quelqu'un d'autre quand quelque chose ne va pas ! Mais ce qu'il faut retenir ici est que les optimistes restent conscients de leurs problèmes sans pour autant verser dans l'auto-dépréciation (« je suis nul ») et la généralisation négative systématiques... Cela ne les empêche pas d'analyser la situation de façon réaliste une fois que l'orage émotionnel est passé.

Ne pas succomber à la tentation du malheur

Il est tellement facile d'être pessimiste et les conditions s'y prêtent souvent tellement bien. La « sinistrose » ambiante, les catastrophes naturelles qui s'enchaînent, les nouvelles apocalyptiques dans les journaux télévisés, les grands et les petits maux du quotidien, la douleur, la souffrance et la mort nous guettent en effet chaque jour.

Et en effet, quand un malheur s'abat sur nous, la tristesse qu'il provoque peut investir rapidement notre être. De l'émotion ressentie (« je me sens triste »), nous passons au sentiment (« je suis triste »), et du sentiment nous avons alors tendance à passer au jugement global (« ma vie est triste »). C'est ce que l'on appelle le raisonnement émotionnel : ce raisonnement implique de passer d'une émotion à une vision générale de la vie. Cette distorsion cognitive est fréquente, surtout chez la personne pessimiste, et c'est cette généralisation sauvage qui est dangereuse pour notre bonheur. En effet, nous avons alors tendance à généraliser les causes de notre malheur : une raison ponctuelle d'être malheureux (ma copine m'a plaqué) devient alors une source permanente de tristesse : « je me fais toujours plaquer de toute façon », qui parasite et investit des domaines jusque-là épargnés : « je suis nul de toute façon, je ne sais pas garder une fille » ou alors « au boulot c'est pareil, ils vont vite s'apercevoir que je ne vaux rien ! »… Le malheur devient alors une donnée stable de l'existence, contrairement aux événements heureux, qui eux prennent un caractère instable, peu important (« c'est juste une embellie, le plus dur reste à faire… »).

Au contraire, face à des événements négatifs, les optimistes ont plutôt tendance à leur attribuer un caractère temporaire. On entend alors des poncifs du genre comme « Une de perdue dix de retrouvées », ou « Après la pluie le beau temps ». Mais au-delà de ses proverbes un peu éculés, il y a là une vraie philosophie : le malheur ne peut pas durer, c'est seulement une composante de la vie ; concept que certaines personnes oublient trop souvent.

Mieux vaut prévenir que guérir

Là encore, la sagesse populaire n'a pas tort. Une personne optimiste croit fermement que son comportement peut changer son destin, qu'elle peut y avoir un rôle véritablement actif, bref, qu'elle peut éviter le malheur, tout en continuant de vivre pleinement. En cela, elle a une approche plus pro-active que réactive : pour elle, il vaut mieux privilégier le préventif au curatif... Comme la grand-mère de Daphné, il est important de croire que son action á des conséquences et que bien agir est préférable à se détruire, même si cela n'est pas un gage absolu de bonheur. Il faut parfois savoir sacrifier un petit peu de bénéfice immédiat, au profit d'un bénéfice à long terme... sans pour autant arrêter complètement de se faire plaisir. Mais tout un chacun est capable de faire la différence entre fumer un paquet de cigarettes par jour et un cigare toutes les semaines...

Des projets, encore et toujours

Un optimiste pense que le meilleur est à venir, que la partie est loin d'être jouée : il n'attend pas la fin de sa vie pour se dire qu'il en a bien profité. C'est ce qui lui donne la foi d'espérer en des jours plus roses et le courage de ne pas baisser les bras en cas de coup dur. C'est également ce qui lui donne le goût de se projeter dans le futur, comme cette grand-mère qui prévoyait encore, à plus de 80 ans, de voyager sur le Nil ! Avoir un projet de vie, mais également des projets plus modestes pour le quotidien est essentiel pour le bonheur et le bien-être d'un individu, puisqu'ils apportent du sens à sa vie...

À RETENIR

Ce n'est pas parce qu'on a un problème que l'on est malheureux

On peut avoir tendance, quand les choses vont mal, à généraliser de façon un peu sauvage les émotions négatives que l'on ressent : la tristesse se mue en désespoir et l'on passe d'un sentiment ponctuel à une vision générale négative de la vie. Il faut essayer de se défendre de cette distorsion, qui peut prolonger durablement la sensation de malheur.

Rester positif et actif

Les optimistes pensent qu'une décision prise aujourd'hui peut changer durablement les choses, et que le malheur n'est jamais définitif. Ils ont une vision pro-active de leur avenir et essayent d'agir pour provoquer leur chance et leur bonheur : prendre soin de leur santé, faire des projets sympathiques en sont deux exemples pas si difficiles à suivre…

Pardon et bonheur

« Le pardon est un choix que tu fais, un cadeau que tu donnes à quelqu'un même s'il ne le mérite pas. Cela ne coûte rien, mais tu te sens riche une fois que tu l'as donné. »

Lurlene McDaniel

Témoignage

« Je suis issue d'une famille de quatre enfants, que des filles, et je suis la dernière. Mes parents voulaient absolument un garçon : ils ont essayé trois fois et ils ont eu trois filles coup sur coup. Quand ma mère est tombée enceinte de moi, les médecins se sont trompés et lui ont annoncé que j'étais un garçon : les moyens techniques étaient moins pointus et les prévisions moins fiables que maintenant. Évidemment, quand je suis née, mes parents ont été terriblement déçus, et je crois que cela s'est toujours ressenti dans la relation qu'ils ont eue avec moi. Déjà, ils m'ont appelée Stéphane, ce qui est peu habituel pour une fille, convenez-le ! J'en ai pas mal souffert en primaire et au collège notamment, où l'on me traitait de garçon manqué… ce qui finalement n'était pas si éloigné de la vérité ! J'ai aussi toujours eu l'impression de ne pas être à la hauteur, de ne pas correspondre à leurs attentes : je ne faisais jamais assez bien les choses, je n'étais jamais assez brillante…

Il y a trois ans, à la mort de mon père, j'ai eu une longue discussion avec ma mère. Ce n'est que là que j'ai appris l'histoire par rapport à ma naissance, les attentes, la déception, la raison pour laquelle on m'avait donné un prénom d'homme, etc. J'ai compris beaucoup de choses. À la fin de la discussion, ma mère m'a demandé pardon pour le manque d'amour dont j'ai souffert, parce qu'elle voyait bien que je n'étais pas heureuse et que mon père et elle en portaient une part de responsabilité.

À vrai dire, je ne l'ai pas pardonnée tout de suite. J'ai d'abord arrêté de la voir pendant un long moment, histoire de me remettre les idées au clair. Et puis j'ai réfléchi. Je me suis dit que le fait de connaître mon histoire, cela me permettait de mieux savoir qui j'étais, de me sentir mieux dans ma peau aussi, de mieux comprendre certaines de mes réactions. J'ai compris ce qu'ils m'avaient fait et pourquoi je leur en voulais : ils m'avaient moins aimée que les autres… J'ai compris ma colère aussi. Et enfin, je me suis dit que leur pardonner leur attitude, c'était me donner plus de liberté en tournant la page sur certaines souffrances qui prenaient beaucoup de place dans ma vie. J'ai donc décidé de revoir ma mère et de lui pardonner. Ce n'est pas facile tous les jours et je dois avouer que je ne la vois pas très souvent, parce que cela me rendrait la tâche trop ardue. Mais j'ai moins d'animosité contre elle, je suis plus sereine. Et cela se ressent dans ma vie de tous les jours… la colère me quitte peu à peu… »

Stéphane, 42 ans

Un peu de théorie

Le pardon, facile en théorie, mais en pratique…

Le pardon est un concept très fort, universel, moral, religieux même, et très chargé émotionnellement. Il est accepté de façon consensuelle en théorie (tout le monde est d'accord pour dire que pardonner, c'est bien…), mais peut avoir bien des difficultés à s'appliquer dans la pratique ! Pourtant, le pardon (ou plus exactement la capacité à pardonner) est crucial dans nos rapports à autrui. Il est d'ailleurs, dans la psychologie positive, répertorié dans les vertus et forces de caractères nécessaires au bonheur. Le pardon est donc un des ingrédients importants du bonheur. Mais dans quelle mesure ?

Pardonner, la meilleure parade pour soigner ses blessures ?

Quand un individu est agressé, plusieurs alternatives s'offrent à lui. Certains d'entre nous s'efforcent d'oublier l'agression ou l'injure, parce qu'ils pensent ne pas faire le poids contre celui qui les a offensés. D'autres n'oublient pas, eux, et ressassent dans un coin de leur tête des idées sombres, sans (heureusement) donner libre cours à leurs vengeances. D'autres encore rendent coup pour coup, et s'enfoncent dans la spirale sans fin de la vengeance...

Que ce soit l'évitement ou le « pseudo-oubli », la rancune stérile ou la contre-attaque en bonne et due forme, toutes ces solutions ont quelques avantages (comme celui de temporiser, défouler, etc.), mais surtout beaucoup d'inconvénients : l'escalade de l'agressivité et de la violence, l'incompréhension de l'autre, la perte d'estime de soi et la perte d'estime de l'autre...

L'homme, pour pallier ces inconvénients a donc inventé le pardon... parce que ce dernier était un des meilleurs moyens pour vivre dans un environnement social stable et harmonieux (tout comme la gratitude, dont nous parlons dans un autre chapitre), à l'abri de la loi du talion et de la « justice personnelle ». Le pardon n'est pas, comme on pourrait le croire, seulement un concept religieux : c'est un acte qui permet tout simplement de mieux vivre avec les autres, et aussi avec soi...

Pardonner, c'est d'abord se faire du bien à soi

Et oui, le pardon est, paradoxalement, assez égoïste. C'est en effet un « don » que l'on fait à celui qui nous a fait du mal, car c'est une façon de dire : « Tu m'as fait du mal, je l'accepte, je le comprends, je ne l'oublie pas, mais je refuse de ressentir du ressentiment envers toi, je te le rends, car d'une certaine manière cela me nuirait plus qu'à toi... » Car au-delà d'un don à l'autre, le pardon est surtout un don à soi...

Ce qu'il faut comprendre ici, c'est que l'offensé, en ne pardonnant pas, souffre souvent plus que la personne qui l'a offensé. Combien d'entre nous, en ne pardonnant pas certaines injures ou blessures, se sont déjà sentis (ou se sentent encore) comme rongés de l'intérieur par la rancœur, alors même que leurs agresseurs ont « oublié » leurs offenses depuis longtemps ? L'offensé se charge donc d'une double peine : celle de la blessure et celle du ressentiment de la blessure... qui, elle, peut se révéler bien plus dévastatrice.

Le pardon, c'est donc une façon de canaliser son énergie dans une démarche constructive et proactive, au lieu de la laisser s'éparpiller et s'épuiser dans des attitudes de défense, d'évitement ou d'attaque permanentes. C'est également une façon de dire « stop », de casser le cycle de la vengeance, en refusant de répondre à l'offense par l'offense... Pardonner, c'est un moyen de vaincre son ressentiment, en lui offrant une alternative noble, c'est-à-dire en le transformant en sentiment positif. Il est d'ailleurs prouvé que les personnes, après avoir pardonné, se sentent bien mieux (et ce, pour une longue durée)... Certaines thérapies en font même leur cheval de bataille, car pardonner autrui permet d'aller au-delà de son passé et de cicatriser ses blessures... pour pouvoir construire au mieux son bonheur par la suite.

À RETENIR

Le pardon est un concept crucial pour la vie en communauté

Sans pardon, notre vie ne serait qu'un tourbillon de vengeance et de rancune, qui nous empêcherait de vivre ensemble. Le pardon n'est donc pas seulement un commandement religieux, mais aussi et surtout une nécessité quotidienne.

Le pardon, une façon de faire la paix avec les autres… et avec soi-même

Évidemment, le pardon est un acte de bienveillance envers ceux qui nous agressent, qui nous font du mal et qui nous blessent, mais c'est aussi et surtout une façon de retrouver sa sérénité en refusant que le ressentiment nous envahisse et nous fasse perdre notre énergie.

Une régulation émotionnelle nécessaire et bénéfique

Le pardon est ainsi la transformation de sentiments négatifs en sentiments positifs, bénéfiques autant au niveau psychologique que physique. Il permet d'avoir une meilleure opinion de soi, en acquérant un regard plus bienveillant envers les autres.

Mode d'emploi du pardon

« On pardonne à qui sait pardonner. »

Proverbe québécois

Témoignage

« Mon mari m'a trompée, il y a deux ans, avec une jeune femme. J'aime mon mari et je sais qu'il m'aime. C'est vrai qu'au moment où il m'a trompée, ça n'allait pas fort entre nous : je n'avais plus de désir, j'étais stressée et il souffrait de ma distance. Il m'a avoué qu'il m'avait trompée, un soir. Sur le coup, je n'ai pas su quoi faire. On s'est séparés pendant quelques semaines, le temps de réfléchir. Je me suis aperçue rapidement qu'il me manquait affreusement et que j'avais vraiment envie de le revoir. Je ne savais pas comment me positionner par rapport à son aventure ; est-ce que je devais lui pardonner ou le quitter ? Je n'avais pas de problèmes d'argent, j'avais un travail qui rapportait bien, j'aurais pu le quitter, contrairement à beaucoup de femmes qui restent parce qu'elles sont coincées financièrement. Mais j'ai finalement décidé de lui pardonner.

Je n'ai pas oublié ce qui s'est passé, mais je crois que ma démarche et mon retour ont provoqué quelque chose en nous. Il m'a dit ensuite que le fait de lui pardonner l'avait tellement touché qu'il ne m'en avait que plus aimée. De mon côté, je trouve que notre relation a mûri, je dirais même qu'elle s'est consolidée : quand on a un problème avec l'autre maintenant, on en parle, pour éviter la distance. Et je suis encore étonnée de dire ça, mais je me sens plus sereine maintenant, comme si une grosse épreuve était passée... »

Marie, 43 ans

Un peu de théorie

Se rendre compte que tout le monde peut faire des erreurs

« Que celui qui n'a jamais péché lui jette la première pierre. » Cette phrase de Jésus illustre à merveille le fait que les gens doivent se pardonner les uns les autres. Nous ne parlons évidemment pas de religion ici, mais de bon sens ! Si ceux qui fautaient n'étaient jamais pardonnés, dans quel monde nous vivrions ! Pardonner, c'est accepter les autres dans leur intégralité, voire même leur intégrité, sans fatalisme, en se disant qu'ils peuvent s'améliorer et apprendre de leurs erreurs.

C'est également se rendre indulgent, regarder les autres avec bienveillance, essayer de voir le meilleur d'eux-mêmes, et s'ouvrir aux failles et aux imperfections de ceux qui nous entourent. C'est aussi renforcer le lien avec eux, leur faire confiance, leur donner une seconde chance.

Comme en témoigne Marie, le pardon a une force spirituelle et émotionnelle très forte, qui peut entraîner des changements profonds dans le cœur des individus. Comme l'effet Pygmalion, dont il en serait un exemple parfait, il provoque en la personne pardonnée (et pardonnant) des sentiments positifs qui, comme on le sait, sont propices au bonheur...

Pardonner ceux qui comptent

Des études montrent que le pardon est influencé par le type de relations que nous avons avec la personne « fautive ». Plus la relation est proche et nous satisfait par ailleurs au niveau émotionnel, affectif ou intellectuel, plus on a tendance à pardonner les fautes commises. Il est vrai que dans le cas d'aventure extraconjugale comme celui de Marie, la décision est plus difficile à prendre, mais il semblerait que nous pardonnons le plus aux personnes que nous aimons le plus... Et que nous insultons copieusement les chauffards qui nous coupent la route sur le périphérique avec qui nous n'avons aucun lien sinon une priorité à droite non respectée...

Le pardon part d'une volonté forte, mais intérieure, et les motivations extrinsèques (c'est-à-dire extérieures) sont rarement prises en compte. Et cela marche dans les deux sens : que l'on pardonne ou que l'on veuille se faire pardonner une faute, on ne peut véritablement donner ou demander le pardon sous une pression extérieure. Par exemple, le statut hiérarchique, ou la peur de la sanction ne peuvent réellement influer sur le pardon : les paroles seront là, mais le cœur ne suivra pas... C'est la raison pour laquelle il est totalement inutile, voire même humiliant, de forcer un enfant à s'excuser d'une faute : il n'en ressentira que de la rancune...

En vérité, notre cœur plus que notre cerveau pèse naturellement et soigneusement le pour et le contre de la relation pour pardonner : « Est-ce que cette personne est importante pour moi ? Qu'a-t-elle mis en péril en faisant cette erreur ? Est-ce que j'ai envie de me réconcilier avec elle ? » Un conseil donc : pardonnez aussi et surtout aux personnes que vous aimez vraiment, car comme le disait quelqu'un (et sans faire de prosélytisme acharné), le pardon est amour (ou l'amour est pardon)...

Peut-on tout pardonner ?

Il est difficile de répondre à cette question, parce qu'elle cache en fait une autre question, tout aussi passionnante : veut-on tout pardonner ? Évidemment, il est plus facile de pardonner une erreur involontaire qu'une duperie machiavélique, et personne ne vous tiendrait rigueur de ne pas pardonner certaines erreurs venant de certaines personnes, surtout si elles sont proches.

Cependant, il y a plusieurs choses à mettre en perspective. Premièrement, et sans vouloir se remettre forcément et systématiquement en cause, il convient de se demander les raisons qui ont poussé la personne en question à vous tromper intentionnellement en s'interrogeant ainsi : « N'ai-je pas moi aussi une part de responsabilité ? » Car cette tromperie pourrait bien être une vengeance à la suite d'une erreur de votre part !

Deuxièmement, il faut se garder des théories du complot, si à la mode dans nos salles de cinéma. Le monde n'est pas, heureusement, qu'un monde hostile, peuplé de personnes malveillantes. Il y en a, certes, mais la plupart des gens sont normaux, avec leurs propres problèmes, leurs ambitions, leur monde, leurs propres personnalité et schéma psychologique. Beaucoup de conflits sont souvent issus de malentendus ou de manques de communications persistants, qui peuvent plus ou moins rapidement se transformer en incompréhensions, blocages, pour terminer en conflits ouverts. Essayer de remonter aux sources peut parfois être payant pour comprendre et peut-être pardonner (ou demander le pardon de) la personne en question. D'autres tensions sont provoquées par des erreurs d'interprétations, des détails pour l'un qui sont des éléphants pour d'autres. Pardonner, c'est aussi accepter ces différences-là.

Enfin, en ce qui concerne les cas vraiment terribles d'inceste, de viol ou de meurtre, le processus de pardon est évidemment plus lourd, car il est souvent double. Dans ces cas-là, il est très difficile de pardonner à deux personnes, dont soi-même, pour espérer être serein, prêt au bonheur…

À RETENIR

Apprendre et enseigner la bienveillance

Le pardon est une valeur religieuse et morale, et pour cause ! il enseigne la tolérance sans la résignation, puisqu'il croit en l'amélioration possible de l'autre, voire en sa rédemption. Le pardon est vraiment une vision positive de l'homme et de son prochain, nécessaire pour appréhender le bonheur.

Amour et pardon

Évidemment, les deux sont liés. L'enjeu est plus important quand les liens affectifs rentrent en ligne de compte, et ces derniers peuvent remporter la mise s'il y a hésitation entre pardon et rejet. Le pardon est, rappelons-le, un des ciments de la vie en société : il est donc là pour resserrer les liens interpersonnels, et peut s'en acquitter à merveille.

Les limites du pardon ?

Finalement, il serait bien pratique si le pardon au quotidien ne s'exerçait que dans les cas de petits conflits aisément solubles. Mais il est vrai que certaines fautes peuvent paraître impardonnables. Il faut alors, certainement, croire en quelque chose de plus grand que soi pour arriver à pardonner…

Privilégier le bonheur au pluriel

« Il y a une foule de petits bonheurs qui suffisent pour parfumer la vie. »

Alphonse Karr

Témoignage

« J'ai rencontré ma femme il y a quarante-cinq ans, lors d'une croisière en Méditerranée. Je sais que ça peut paraître "bateau", mais je suis tombé amoureux instantanément, le coup de foudre comme on dit. Nous nous sommes mariés deux ans plus tard, dans le Tarn.
Myriam était faite pour être mère et voulait absolument avoir plusieurs enfants. Nous en avons eu cinq en tout. Je sais que ça fait beaucoup maintenant, mais à l'époque, c'était commun d'en avoir autant. Nous avons eu notre premier fils, Jean, un an après notre mariage, puis tout s'est enchaîné rapidement.
Myriam a tout de suite arrêté de travailler pour se consacrer à l'éducation de nos enfants. Elle s'en est acquittée à merveille et ils sont tous devenus des personnes équilibrées… Même si elle était plutôt mère poule, à s'inquiéter pour un rien et à être derrière eux tout le temps. Je dois avouer qu'il y a eu des tensions à certains moments, parce que j'avais l'impression qu'elle me négligeait : je me sentais comme transparent. On ne parlait plus que des enfants, de leur scolarité, de leurs problèmes de santé… Plus rien ne comptait sauf eux. Et puis mis à part pour mettre en route un nouveau bébé, côté galipettes… C'était comme si la femme n'existait plus, et que seule la mère avait

survécu. Je ne m'en plains pas vraiment : je m'en suis contenté. Je préférais rester avec elle, même si notre relation avait changé, parce que j'aimais sa personne, j'aimais quand même ce qu'elle était. Mais le moment le plus dur pour elle et nous, c'est quand tous les enfants sont partis de la maison. Le petit dernier, Loïc, a quitté la maison il y a dix ans. Myriam l'a très mal vécu. Je crois qu'avec le départ du petit, on lui a enlevé une part d'elle-même : elle a fait une grosse dépression. Elle n'avait plus goût à rien. Elle qui était si active, tout le temps à cuisiner, nettoyer, jardiner, elle s'est mise à dormir tout le temps, et même quand elle était réveillée elle ne faisait plus rien... Heureusement, ma seule fille, Bénédicte, a eu des jumeaux il y a sept ans, et cela a beaucoup aidé Myriam. Elle a recommencé à se lever, à sourire, à rire. Elle travaille maintenant comme bénévole dans un orphelinat de la région et je crois que ça lui fait beaucoup de bien. Je crois qu'on peut dire que pour elle, les enfants ont été toute sa vie ! »

Henri, 68 ans

Un peu de théorie

Le danger du bonheur au singulier

On pourrait aisément comparer le bonheur à une belle maison. Pour que cette maison traverse l'épreuve du temps sans trop s'abîmer, pour qu'elle ne s'écroule pas à la moindre tempête, elle doit avoir des fondations solides, et plusieurs murs porteurs. Le bonheur, lui, doit aussi avoir des fondations solides, qui sont la personnalité et le caractère de chaque individu, façonnés notamment grâce à un environnement familial stable et sécurisant, à un patrimoine génétique avantageux et à d'autres facteurs divers.
Mais des fondations solides ne sont pas suffisantes pour assurer le bon-

heur, si celui-ci ne peut compter que sur un seul mur porteur, c'est-à-dire un seul moyen d'être heureux. En effet, certaines personnes répartissent leur « capital bonheur » de façon déséquilibrée, et sont alors tributaires d'une seule source de bonheur. Pour Myriam par exemple, la seule façon pour elle d'être véritablement heureuse est de s'occuper de ses enfants, sur qui elle a concentré toutes ses attentes et toute son énergie, au point de négliger les autres parties de sa vie (son mari et son travail). Pour d'autres personnes, ce mur porteur peut au contraire être le travail, qui prime alors au détriment du reste.

Le problème, c'est quand le travail ou les enfants viennent à disparaître, parce qu'ils sont grands ou parce qu'on part à la retraite. La source de bonheur se tarit, laissant pour seul héritage une personne désolée et rendue « inutile ». Car c'est souvent la sensation ressentie par ces individus, qui ont alors l'impression d'avoir « tout perdu » : leur raison de vivre, c'est-à-dire le sens qu'ils donnaient à leur vie. Cette raison de vivre, qui n'était à la base qu'une partie de leur identité, est devenue au fil du temps leur principale caractéristique, la seule chose à travers laquelle ils se définissent. Henri le dit justement très bien : « C'était comme si la femme, l'amante n'existait plus, et que seule la mère avait survécu. »

Le bonheur au pluriel

Maintenir l'équilibre

Il est important de s'investir dans ce qui nous tient à cœur, dans des activités ou des relations enrichissantes. Mais pour que ces activités ou ces relations restent épanouissantes, il est aussi crucial de ne pas fonder toute son existence dessus. Maintenir l'équilibre entre ses loisirs, sa famille, ses amis, son travail et soi-même est une des conditions du bonheur durable. Sans cet équilibre, le bonheur peut devenir très vite bancal, car aucune réparation croisée n'est possible. Une réparation croisée, si l'on reprend la métaphore de la maison, est le fait de s'appuyer sur les autres murs

porteurs pour compenser la destruction de l'un d'eux. Mais si l'unique mur porteur vient à disparaître... De plus, une personne qui s'investit de façon démesurée dans une activité (ou une relation) demande souvent une reconnaissance correspondant à son investissement, et peut facilement être frustrée si les résultats ne sont pas à la hauteur de ses attentes...
Varier les activités qui nous procurent du bonheur limite ainsi l'adaptation hédonique : si vous adorez le homard, mais que vous en mangez à tous les repas, il y a de fortes chances que le plaisir ressenti décroisse au fil du temps. Vos sensations s'émousseront car vous allez vous habituer au homard.
La rareté peut aussi faire partie du plaisir : pour cela, il faut apprendre à éviter la routine, mais aussi à se frustrer intelligemment pour apprécier ce que l'on finit par s'octroyer...

Ne pas confondre métier et passion

Beaucoup d'entre nous ont des passions, des hobbies, et certains voudraient en faire leur métier. Mais attention ! Faire cela est un des moyens de détruire son équilibre : une longue réflexion est donc de mise. En effet, tant que la passion reste une passion, elle peut contrebalancer les autres domaines que sont la famille ou le travail. D'ailleurs, il est alors délectable de s'isoler pour s'y adonner : le plaisir est toujours aussi vif, et si celui-ci s'émousse, il est encore possible de s'arrêter un moment pour reprendre plus tard. Mais quand la passion devient un métier, elle devient une obligation et peut s'avérer ennuyeuse ou contraignante...

À RETENIR

Conjuguer le bonheur au pluriel

Il est important de varier les plaisirs et bonheurs dans la vie, car cela nous rend moins fragiles. Le bonheur se construit grâce à l'équilibre délicat entre tous les éléments de notre quotidien (la famille, les amis, le travail, le temps pour soi…). Cela permet notamment de garder des ressources en cas de difficultés dans l'un des domaines (sur)investis.

Lutter contre l'adaptation hédonique

Il faut apprendre à se frustrer pour apprécier ce que l'on a (chose difficile à faire dans notre société de consommation), car nous nous habituons même au plaisir, ce qui a pour effet de le rendre moins… plaisant. Évitez la routine, ou rendez rare ce que vous pouvez avoir tous les jours et vous verrez qu'il aura meilleur goût !

Montrer son bonheur !

« Manifester son bonheur est un devoir ; être ouvertement heureux donne aux autres la preuve que le bonheur est possible. »

Albert Jacquard

Témoignage

« Je sors depuis plusieurs années avec Ludovic. Quand on s'est rencontrés, il travaillait avec moi, mais dans le département informatique, et je suis tombée sous son charme rapidement. J'aimais sa discrétion, son côté un peu sombre, mélancolique. Il était très cultivé, se passionnait pour des sujets très éclectiques comme les insectes, l'informatique, la bande dessinée… On passait beaucoup de week-ends à parler des heures, à aller au ciné ou à des expos.

Moi, je suis de nature expansive : je montre mes émotions facilement et même à mon insu ! Si j'aime une personne, j'ai beaucoup de mal à ne pas le montrer ! Ludo, c'était le contraire. Pas expressif pour un sou, il restait souvent avec un joli sourire mi-gêné mi-flatté quand je lui disais combien j'étais heureuse avec lui. Au début, j'ai cru que c'était une technique de drague, du style "fuis-moi je te suis, suis-moi je te fuis", donc j'ai patienté, mais je me suis aperçu au final que c'était plutôt dans sa nature de ne pas révéler ses émotions, ses sentiments, ce qu'il pensait de moi ou de nous.

Le problème, c'est que moi j'avais besoin d'être rassurée, après m'être engagée de façon importante avec lui. On se voyait tous les

jours depuis trois mois, et mis à part quelques phrases convenues, il ne me parlait pas de sentiments. En plus, n'étant pas très tactile, il n'était pas non plus très câlin. À la fin, je ne savais même plus s'il était vraiment heureux avec moi, s'il s'ennuyait mais qu'il n'osait pas me le dire, s'il était juste timide ou complètement sans cœur. Mais je ne voulais pas non plus lui arracher les mots de la bouche : s'il était heureux, c'était à lui de me le dire spontanément !
Finalement, un soir j'ai craqué. Je lui ai dit que je l'aimais mais que je ne savais pas ce qu'il en était pour lui, puisqu'il ne me disait rien sur ses sentiments. Sur le coup, il a paru étonné, et il m'a dit : "Si je n'étais pas heureux, je ne passerais pas autant de temps avec toi non ? Je t'aime aussi, mais je ne le dis pas facilement, parce que je me dis que c'est trop beau pour durer…" Ça m'a beaucoup rassurée, et notre relation est repartie du bon pied. Même si ce n'est pas facile tous les jours de vivre avec quelqu'un de si peu expressif… Tu te poses tout le temps beaucoup de questions… »

Christine, 38 ans

Un peu de théorie

Pourquoi certaines personnes n'aiment pas montrer leur bonheur ?

Il est parfois difficile, pour Ludovic, ou pour tant d'autres personnes, de montrer que l'on est heureux. Les raisons de ce manque d'expressivité sont diverses. Certaines personnes sont de nature introvertie et ne communiquent pas leurs émotions facilement. C'est ce qui semble être le cas avec Ludovic, qui paraît déjà très discret au quotidien.
Mais d'autres personnes ont par exemple peur de paraître ou même d'être heureuses. Ayant eu un passé difficile, une vie chaotique voire dramatique,

elles finissent par appréhender les moments de bonheur, croyant que la vie ne peut pas les gâter sans « se venger » après. Comme si elles n'avaient tout simplement pas l'habitude du bonheur et qu'elles ne savaient plus comment y faire face et en profiter. Elles ne se reconnaissent que dans le malheur et pensent être sur terre uniquement pour souffrir. Le bonheur les déstabilise, car elles considèrent que ce n'est pas une situation « normale ». Ces individus sont très souvent superstitieux et croient en un certain équilibre du monde : tout bienfait qui leur est accordé doit forcément être contrebalancé par un malheur équivalent. Ces croyances sont souvent le fait de personnes à basse estime de soi, qui pensent n'avoir aucun contrôle sur les événements de leur existence.

D'autres s'interdisent carrément de ressentir du bonheur, par culpabilité la plupart du temps : ils ne se donnent pas le droit d'être heureux parce qu'ils pensent ne pas le mériter. Il peut également arriver que certains individus pensent se protéger en ne se réjouissant pas trop des bonnes choses de la vie. C'est un peu la philosophie bien connue du « je ne m'attache pas pour ne pas souffrir »… Comme si le but de leur vie était d'éviter le bonheur pour contourner également le malheur…

Montrer que l'on est heureux

Et pourtant ! Que de bienfaits proviennent du seul fait de partager son bonheur ! La joie, le bonheur, nous rendent plus réceptifs et aussi plus expansifs naturellement, car ces sentiments ont besoin d'être partagés pour perdurer. Alors en effet, ne pas partager son bonheur avec ceux qui nous entourent est la meilleure façon de le perdre…

De même, dans un couple, montrer que l'on est heureux, en multipliant les sourires, les mots doux, les baisers et les câlins, est la meilleure façon de faire durer ce bonheur. Cela a même été prouvé scientifiquement ! Dans des études faites sur des couples pendant plusieurs années, il s'avère que les couples les plus heureux étaient ceux qui avaient le plus de contacts physiques, et dont les visages étaient les plus ouverts et les plus souriants… Car la gestuelle est primordiale pour montrer son bonheur : se forcer à paraître de bonne humeur est souvent le meilleur moyen d'améliorer soi-même son humeur. En effet, avoir l'air gai et sourire agit sur le cerveau émotionnel, qui transforme alors votre état initial (un peu ronchon) de manière à éviter les tensions entre des informations discordantes. De plus, être heureux et le montrer permet de ne pas se focaliser sur des détails négatifs, mais contribue à une vision plus positive et rose des événements comme dans un cercle vertueux.

Enfin, d'autres études ont montré que les événements positifs représentaient un meilleur « ciment » pour les couples que les événements négatifs : cela signifie que la façon dont votre partenaire réagit à une bonne nouvelle est plus importante que le soutien qu'il vous apporte dans les moments de détresse. Quelle est donc la réaction idéale pour optimiser ce moment ? Il suffit de montrer un intérêt constructif et actif. Une phrase comme : « Je suis tellement heureux pour toi ! Je savais que tu allais réussir… On va fêter ça ce soir ! », est ainsi mille fois mieux accueillie qu'une réaction telle que « C'est bien, ma chérie »… Et enfin, il ne faut pas hésiter à se remémorer régulièrement les instants positifs (premier baiser, anniversaires de mariage…) pour garder son couple dans la meilleure forme possible…

À RETENIR

Beaucoup trop de personnes n'expriment pas suffisamment leur bonheur

Pudeur, culpabilité voire honte, introversion, superstition, peur. Les raisons qui expliquent ce fait sont nombreuses. Mais vivre quelque chose d'heureux et ne pas se montrer heureux équivaut à se priver d'une part importante de bonheur.

Montrer que l'on est heureux renforce son sentiment de bonheur

Cela permet en effet de multiplier par trois son bonheur : on le ressent, on en prend conscience, et le montrer aux autres permet de rendre les autres heureux et nous-mêmes par ricochet… Alors, pourquoi s'en priver ?

Cultiver les moments heureux et se les remémorer régulièrement

Dans un couple ou dans une relation en général, il est important de réagir de façon adaptée aux bonnes nouvelles, plus encore qu'aux mauvaises, car ce sont les événements heureux qui lient un couple heureux… Et rien n'empêche de se les rappeler ensemble de temps en temps pour ressentir encore un peu de bonheur…

Donner un sens à sa vie

« Celui qui ressent sa propre vie et celle des autres comme dénuées de sens est fondamentalement malheureux, puisqu'il n'a aucune raison de vivre. »

Albert Einstein

Témoignage

« Pendant longtemps, j'ai passé mes nuits et mes jours à faire la fête, à draguer les femmes, à prendre la vie à la légère. Pour moi, le sens de la vie, c'était m'amuser, en profiter tant que j'étais jeune, tant que je n'avais pas de lourdes obligations ! Je louais un petit appart, j'avais une belle voiture, assez d'argent pour ne pas trop m'en faire, et cela me suffisait largement ! Je crois que je suis devenu comme ça à cause de mes parents. Tous deux sont comptables, et je vous assure que tout ce qu'on raconte sur les comptables est totalement vrai ! Ils n'étaient vraiment pas marrants à la maison, tout devait être cadré, contrôlé, prévu. Alors je me suis rebellé et j'ai longtemps pris le contrepied de leur philosophie.

Jusqu'à ce matin de décembre, il y a 3 ans. Je revenais encore d'une beuverie, il devait être 6h du matin. Sur la route, il y avait eu un accident de moto, et en passant à côté, j'ai vu la victime, qui était morte, allongée par terre. C'était un homme, que je connaissais, et que, je dois le dire, je trouvais un peu pathétique. Il devait bien avoir 45 ans, mais en paraissait 70 : il traînait comme moi dans les bars un peu branchés, se saoulait et rentrait avec une minette aussi bourrée que

lui. Lui aussi répétait son couplet sur la liberté, sur le "carpe diem" et sur la jeunesse dont il fallait profiter. Sauf qu'il avait un enfant qu'il ne voyait jamais, qu'il était alcoolique depuis plusieurs années, et que tout le monde le prenait finalement pour ce qu'il était : un mec qui avait raté sa vie. Et en fait, en le voyant par terre, je me suis vu, moi dans quelques années : le même, seul, aigri, n'ayant rien construit de bien durable, sans attaches et sans amis.
Ce matin-là, j'ai décidé que les conneries, c'était fini, qu'il fallait que je prenne ma vie en main, que je lui donne un sens. Ça n'a pas été facile, et ça ne l'est toujours pas d'ailleurs. Mais je ne sors et ne bois plus autant. Je vois même une fille depuis un peu plus d'un an et demi, et on a des projets ensemble. J'essaie surtout de prévoir ma vie, non plus sur 24h, mais sur quelques mois au moins. Je m'amuse moins, c'est vrai, et il y a des fois où ce que je fais ne me plaît pas forcément, mais en tout cas, je sais pourquoi je le fais, et je pense que ça en vaut la chandelle ! »

Damien, 32 ans

Un peu de théorie

Pourquoi donner du sens à sa vie est-il si important ?

En effet, en quoi est-ce si crucial pour notre bonheur de définir le sens que l'on donne à sa vie ? Dans un premier temps, on peut répondre à cette question en étudiant les personnes qui disent ne pas avoir trouvé de sens à leur vie. Pour les psychologues, souvent confrontés à ce type de question, l'absence de sens dans la vie est fortement représentée chez les personnes dépressives, anhédoniques (qui n'éprouvent plus de plaisir quoi qu'elles fassent), dépendantes (à l'alcool par exemple), voire suicidaires. Pour ces personnes, la vie ne vaut pas la peine d'être vécue puisqu'elle n'a aucun sens. Elles ne voient aucun aboutissement à leur existence. Et sans sens, la vie devient alors bien vaine, d'où la présence de comportements autodestructeurs chroniques.

Réfléchir sur soi

D'autres personnes ne sont pas exactement confrontées aux mêmes difficultés. Leur problème n'est pas qu'elles ne trouvent pas de sens à leur vie, mais qu'elles ne se posent tout simplement pas la question ! D'un côté, nous avons ceux qui ne se posent pas ce genre de questions tout simplement parce que ce serait pour eux un luxe. Pourquoi ? Parce que toutes leurs facultés mentales, toute leur énergie et toutes leurs forces sont déjà consacrées au simple fait de survivre. Pour eux le sens de leur vie est simple, sans ambiguïté : ramener suffisamment d'argent à la maison pour manger, nourrir ses enfants, payer son loyer, continuer à travailler… D'ailleurs, Abraham Maslow le disait déjà avec sa fameuse pyramide des besoins : avant de combler son besoin d'accomplissement ou de réalisation de soi, l'homme doit d'abord penser à se nourrir, à se loger, à se vêtir, c'est-à-dire combler ses besoins primaires, vitaux. Le sens de la vie (et la part de bonheur qui lui est associée) n'est donc accessible qu'une fois que l'on « sort la tête du guidon », qu'on se donne le droit (et le temps) de réfléchir sur soi et sur ce qu'on est.

D'un autre côté, il est évident que tous, nous ne nous posons pas cette question tous les matins en nous levant. Le sens de la vie est une question grave, que l'on se pose souvent quand on doit faire face à des situations difficiles, voire tragiques. Face à un décès, à une maladie, le spectre du sens que nous donnons à notre vie revient souvent nous hanter : qu'avons-nous fait de notre vie ? Avons-nous donné suffisamment à ceux que nous aimions ? Que laissons-nous en héritage ? Comme Damien qui, confronté à la mort de ce qu'il considère « son futur lui », décide de changer ses priorités et ses valeurs, nous avons tous des moments où nous faisons un bilan, et où nous en tirons les conséquences.

Une question quotidienne

Mais est-il nécessaire d'en arriver à ces extrémités, avons-nous vraiment besoins d'attendre une crise grave de notre existence pour nous poser toutes ces questions ?

S'interroger sur le sens que l'on donne à sa vie quand tout va bien (ou quand tout ne va pas trop mal du moins…) ce n'est pas forcément du nombrilisme. Dans cette société où tout va vite, où les sollicitations sont permanentes, et où les informations circulent à la vitesse de la lumière (expression qui paraît maintenant presque désuète), il peut paraître incongru de se poser quelques minutes pour réfléchir…

Pourtant, se poser régulièrement cette question (et y répondre !) est le meilleur moyen de garder la maîtrise de soi. Redéfinir chaque jour le sens de sa vie, se le rappeler régulièrement, c'est repenser chaque jour à ses valeurs, à ses priorités, aux actions à mettre en place pour les respecter. C'est aussi une bonne façon de prendre patience quand un élément déraille, comme pour Damien, qui sait que « ça en vaut la chandelle ». Donner un sens à sa vie, c'est non seulement se rappeler ses priorités, mais aussi choisir l'essentiel, pour ne pas se contenter du dérisoire. Et vous, quel est l'essentiel pour vous ?

À RETENIR

Quand le sens de la vie devient une raison de vivre

Le point commun entre dépressifs, alcooliques ou autres suicidaires ? L'absence de fil directeur dans la vie, l'impression que celle-ci est vaine, et que sa propre existence est inutile, voire nocive pour les autres. Définir le sens que l'on donne à sa vie, c'est aussi définir la raison qui nous pousse à nous lever chaque matin, à travailler, à souffrir, à nous occuper des autres et de nous-mêmes…

Sens de la vie et conscience de soi

Réfléchir au sens que l'on donne à sa vie implique de prendre quelques minutes de temps en temps pour réfléchir à soi, au rôle que l'on veut avoir dans sa vie et dans celle des autres, à ses valeurs, à ce qui est pour nous essentiel pour vivre mieux.

Le sens de la vie, ici et maintenant plutôt que demain

Mieux vaut se poser cette question le plus tôt possible et ne pas attendre d'être confronté à une crise majeure, car il est probable que l'on sera mieux armé si l'on fait ce petit travail au préalable…

Bonheur et valeurs

« Il vaut mieux perdre la vie que les raisons de vivre. »

Robert Beck

Témoignage

« J'ai toujours su que j'étais fait pour venir en aide aux autres. Je ne savais pas trop comment, mais je savais que c'était l'objectif à atteindre pour que je sois heureux. Je sais que ça fait un peu pompeux, quand je dis ça comme ça, mais je ne sais pas comment le dire autrement ! Déjà, quand j'étais enfant, j'étais très sensible à la misère, à la maladie, à la détresse des gens. Je ne pouvais m'empêcher d'aller voir les sans-logis dans la rue et même leur donner mon goûter ! Mes parents m'ont toujours encouragé à cela, il est vrai, étant eux-mêmes fervents défenseurs des droits de l'homme : le droit à la dignité notamment. Ils se sont toujours battus, à leur échelle, pour rendre les autres plus heureux, et ils étaient contents de voir que je faisais de même. D'ailleurs ils se sont longtemps demandé si je n'allais pas me faire homme d'église !

J'ai cherché pendant un moment une activité dans laquelle je pourrais aider les autres tout en m'épanouissant suffisamment. Je savais que rentrer dans les ordres ne me conviendrait pas : je voulais venir en aide aux autres, mais je voulais aussi profiter des plaisirs de la vie, de tous les plaisirs ! J'ai finalement décidé de faire médecine, parce qu'être médecin, c'est déjà aider les gens à aller mieux. En parallèle, j'étais bénévole dans des associations : je donnais des cours de sou-

tien à des enfants en difficultés, je distribuais des repas l'hiver... Je travaillais notamment pour une association dont je tairai le nom, mais qui a bien failli avoir raison de ma vocation ! Je voulais travailler avec des personnes qui avaient les mêmes valeurs que moi : l'entraide, l'ouverture, l'honnêteté, la tolérance, le non-jugement des autres... La plupart des bénévoles étaient comme moi bien sûr, mais dès que l'on montait un peu dans la "hiérarchie" de l'association, on se retrouvait à devoir supporter des individus égoïstes qui ne pensaient qu'à leur statut, à leur prestige. Il y avait des luttes de pouvoir, des coups bas, des trahisons, bref, des choses que je n'aurais jamais imaginées si je ne les avais pas vues ! Je suis sûr que certains d'entre eux n'auraient pas hésité à zigouiller les autres pour avoir leurs places ! Je trouvais ça dingue de prôner certaines valeurs et de ne pas les appliquer soi-même dans la vie de tous les jours... Si l'on n'est pas capable de le faire, c'est qu'on n'y croit pas vraiment, non ? »

Éric, 45 ans

Un peu de théorie

Découvrir ses valeurs

Nous avons tous des valeurs, des principes, sur lesquels repose notre façon d'être et de vivre. Pour certains ce sera la famille. Pour d'autres ce sera l'entraide, la recherche de l'excellence ou la liberté et l'indépendance. Certaines personnes, comme Éric, se posent peu de questions : la réponse est pour eux évidente, simple. Il est alors facile d'organiser sa vie pour qu'elle corresponde à ses valeurs : devenir médecin pour celui qui veut aider son prochain, cela paraît logique. Mais découvrir ses valeurs n'est pas toujours si simple, il faut parfois tâtonner. Certaines personnes, sans le savoir, se perdent dans des activités dans lesquelles elles ne trouvent aucun sens, tout simplement parce qu'elles n'ont pas suffisamment conscience de leurs valeurs. Quand on cherche à découvrir quelles sont nos valeurs, il faut savoir que celles-ci s'expriment dans la vie quotidienne : nos hobbies, les gens que l'on fréquente, les choses que l'on aime faire reflètent tout ce qui est important pour nous. Pour ceux qui en ont la chance, leurs valeurs s'expriment aussi dans le métier qu'ils exercent...

Le premier pas est donc de découvrir ses propres valeurs : pour cela, le plus simple est de penser à des moments où vous vous sentez heureux, bien avec vous-mêmes, à votre place. Quels sont ces moments ? Qu'est-ce qui vous rend si heureux pendant ces périodes ? Par exemple, on peut prendre le cas de Charlotte, qui adore peindre des portraits, des natures mortes, mais qui aime encore plus donner des cours de peinture, ce qu'elle fait en dehors de son travail, en amateur. On peut supposer que les valeurs de Charlotte sont la créativité et la transmission de son savoir-faire. D'ailleurs, ces valeurs se retrouvent dans plusieurs pans de sa vie : elle dessine des bijoux, qu'elle crée de toutes pièces ensuite avec des matériaux de récupération, et elle donne des cours de couture et de scrapbooking. Évidemment elle ne gagne pas beaucoup d'argent pour le moment, mais la richesse financière n'est pas une de ses priorités...

Le besoin de cohérence

Pour vivre selon ses valeurs, et donc donner tout le sens que l'on souhaite à sa vie, il faut avoir une conscience claire de soi, et de soi parmi les autres : bien se connaître est primordial. Ces valeurs sont en effet le socle de ce que nous sommes : elles font partie de nous. Vivre en accord avec elles est indispensable pour être heureux. Les valeurs d'une personne représentent non seulement ce qu'elle aime, les principes qu'elle respecte, mais aussi son fil directeur, son idéal. De fait, le meilleur moyen d'être heureux en respectant ses valeurs est évidemment d'être cohérent avec elles. Faire l'inverse, c'est courir le risque de se sentir en désaccord avec soi-même, de se sentir en contradiction avec ses besoins profonds, son identité. C'est la raison pour laquelle il est important de se donner des objectifs qui concordent avec ses valeurs, des objectifs que l'on appellera congruents, c'est-à-dire dirigés vers un seul et même but, la réalisation de soi. Les mêmes valeurs peuvent prendre en effet des visages différents, selon les goûts, les compétences et les capacités de chacun. Par exemple, chacun peut interpréter la valeur « indépendance » à sa façon. Pour Pierre, ce sera de gagner suffisamment d'argent pour voyager à sa guise. Pour Paul, ce sera de monter sa propre boîte pour ne pas avoir de patron, et pour Jacques, ce sera de faire en sorte que ses enfants puissent être autonomes le plus vite possible…

Une autre chose est importante en ce qui concerne le fait de vivre avec ses valeurs, c'est de le faire avec plaisir. Éric l'explique clairement : bien qu'il ait finalement les mêmes valeurs qu'un prêtre (tolérance, entraide), il sait qu'une vie ascétique ne serait pas épanouissante, car il n'y prendrait pas de plaisir… Vivre selon ses valeurs, oui, mais se sacrifier à tout prix n'est pas toujours nécessaire. Bien que dans certaines situations, ce soit une vraie preuve de courage…

À RETENIR

L'importance de se réaliser en respectant ses valeurs

Nous tous, avons certaines valeurs, que nous respectons et qui nous sont primordiales. Mais il nous arrive, par obligation la plupart du temps ou par confusion, de devoir vivre en les laissant de côté. Cette situation implique souvent des gens malheureux, qui n'arrivent pas à s'épanouir ou à se réaliser.

Trouver ses valeurs pour mieux les respecter

Si l'on vous pose la question à brûle-pourpoint « quelles sont vos valeurs ? », il n'est pas évident que vous répondiez sans hésitation. Il est cependant important de s'interroger sur ce qui est important pour nous, afin de donner une direction à notre vie.

Fixer des objectifs cohérents avec ses valeurs

Les valeurs peuvent s'exprimer à travers une multitude de choses et d'activités. Le plus important est que ces activités tendent vers le même objectif : se réaliser en respectant son identité, tout en ressentant du plaisir à les accomplir…

Savoir se fixer des objectifs

« Avoir des objectifs est non seulement nécessaire pour nous motiver, mais c'est essentiel pour que nous restions en vie. »

Robert H. Shuller

Témoignage

« Mes parents sont médecins. C'est la raison pour laquelle j'ai décidé, bien avant mon baccalauréat, de m'orienter vers cette branche. C'était naturel pour moi, et évidemment mes parents étaient très fiers que je choisisse ce métier, en digne héritière de la famille… Je suis donc partie à Lille, après mon bac, pour faire une année de prépa.

Ça a été terrible : je passais mes jours et mes nuits à étudier. L'école était connue pour avoir un très bon taux de réussite, et les profs nous mettaient donc beaucoup de pression. Mais ce qui me dérangeait le plus finalement, c'est que 70 % des étudiants étaient fils ou fille de médecin ! À chaque fois que je demandais à quelqu'un pourquoi il voulait devenir médecin, la réponse était toujours un truc comme "ben mes parents sont médecins, donc j'ai toujours trouvé ça naturel" ou encore "Je ne vois pas ce que je pourrais faire d'autre : le cabinet de mon père m'attend…".

Je me suis alors beaucoup interrogée sur mes propres motivations, sur ce que je ressentais par rapport à ces études : est-ce que je faisais cela pour faire plaisir à mes parents ? Est-ce que je me voyais soigner des gens pendant des années ? Je ne le savais pas trop, mais le doute s'était installé, et la question me turlupinait de plus en plus souvent. De ce jour, mes notes, ma motivation et mon engagement ont baissé. Je m'étais rendu compte que ce n'était peut-être pas tout à fait ce que je voulais. Finalement, j'ai raté cette première année et je ne l'ai pas recommencée.

Après une année sabbatique, que j'ai mise à profit pour voyager et réfléchir, j'ai décidé de devenir prof, de maths ou de biologie, parce que j'aimais les métiers humains, et j'aimais surtout le fait de transmettre mon savoir. Je m'en suis aperçu après avoir travaillé au Japon en tant que prof de français remplaçante, pour dépanner une amie : je n'aurais jamais cru être capable de faire preuve de pédagogie, alors qu'en fait j'ai adoré ça ! Aujourd'hui, je crois être devenue ce que je voulais vraiment être. Je suis toujours au service des autres, et je crois que je suis beaucoup plus heureuse ainsi. Mes parents l'ont bien pris (sauf au début…), ils voient que je suis épanouie et c'est ce qui leur importe vraiment… »

Ariane, 34 ans

Un peu de théorie

Pourquoi se donner des objectifs ?

En quoi poursuivre un objectif personnel est-il si crucial pour notre bonheur ? Ne serions-nous pas plus heureux oisifs, sans pression, sans but, juste portés par les événements ?

Évidemment, la réponse est non. En effet, les personnes qui disent ne pas avoir d'objectifs dans la vie sont bien plus malheureuses que celles qui en ont un, même si celui-ci n'est pas (encore) atteint. Se fixer des objectifs revient en réalité à orienter sa vie vers quelque chose, à lui donner du sens. Et comme nous le voyons dans d'autres chapitres de ce livre, donner un sens à sa vie est une condition sine qua non de bonheur…

Structurer sa vie

La poursuite d'un objectif nécessite un certain cadre. Souvent, il ne peut être atteint qu'en réussissant une série d'étapes logiques et consécutives. Se fixer des délais à respecter pour chaque étape est par exemple un bon moyen pour structurer sa vie, mais également pour se motiver. En effet, l'objectif final est très souvent un but à long terme, qui demande beaucoup de temps, d'énergie. Se fixer des échéances intermédiaires peut être utile et même nécessaire, pour garder la motivation sur une si longue période. Cela permet de faire le point sur ce qui a été accompli, et sur ce qui reste à accomplir, tout en prenant du recul sur soi.

De plus, quand nous poursuivons un objectif, nous sommes plus concentrés, plus engagés. Cela nous aide à définir nos priorités et à laisser de côté les activités qui ne nous apportent rien, comme regarder une émission inintéressante à la télévision…

Renforcer l'estime de soi

L'estime de soi est une des composantes majeures du bonheur : mieux on s'estime (de façon lucide évidemment) et plus on a de chances d'être heureux. Et l'estime de soi, ça se travaille ! Réussir une tâche difficile, acquérir de nouvelles compétences, faire preuve de courage pour continuer malgré les éventuels obstacles, tout cela aide à renforcer l'estime de soi, à la rendre plus solide. Et là commence le cercle vertueux de l'estime de soi : avoir une meilleure estime de soi rend confiant en ses propres compétences, en son avenir et en ses projets, ce qui nous aide à les réaliser… La fierté de mesurer ce qu'on a accompli pour atteindre son objectif est la première pierre du bonheur.

Les bons objectifs

Évidemment, un projet de vie ne se choisit pas à la légère : si l'on doit s'engager pour quelques années ou pour toute une vie, autant choisir cet objectif avec soin !

Il est important de faire attention à ce que ce but soit bien le vôtre (objectif intrinsèque), et non pas celui de quelqu'un d'autre (objectif extrinsèque). Comme Ariane, il est parfois facile de se mentir en prenant pour nôtres les projets de quelqu'un d'autre. Nous sommes là pour faire plaisir aux autres, c'est vrai, mais pas à notre propre détriment ! Réfléchissez aux raisons qui vous font privilégier tel ou tel projet : est-il choisi de façon consciente ou au contraire imposé par la famille, le compagnon, la culture ? A-t-il du sens pour vous ? En sortirez-vous enrichi personnellement si vous réussissez ? Voulez vous être fier de vous, ou voulez-vous qu'une tierce personne le soit ? Tout cela doit être pesé dans de fines balances, de façon lucide, pour ne pas se trouver, des années après, victime de son propre dévouement ou de son aveuglement…

Enfin, et c'est peut-être le plus dur, il est important de se ménager des temps de pause pour réfléchir. Nous changeons tous au fil du temps. Nos responsabilités, nos attentes et les aléas de la vie nous font parfois dévier de nos objectifs passés… et puis, les objectifs que nous avions à vingt ans peuvent paraître vains à quarante. Il est sage de ne pas s'enferrer dans des situations sans issue. Refaire le point régulièrement sur nos attentes, nos valeurs et la cohérence de ces dernières avec nos objectifs est indispensable pour ne pas avoir à poursuivre de vieilles chimères. Et il faut bien se dire que ce n'est pas se renier que faire cela, mais seulement… mûrir ?

À RETENIR

Un bon objectif est une part de bonheur

Le bonheur n'est pas seulement dans l'accomplissement et l'atteinte de son objectif, il est également sur le chemin menant au but. Car se fixer un objectif, c'est se prendre en main, contrôler sa vie, bref, marcher vers son destin, mais de façon consciente.

Poursuivre un objectif structure la vie et renforce l'estime de soi

En effet, pour atteindre son objectif, il est nécessaire d'acquérir des compétences, de respecter des délais, d'apprendre certaines techniques. Pour faire tout cela, il est nécessaire de se créer un cadre, d'avoir une certaine discipline. Le bonheur n'est ni dans le chaos ni dans l'organisation millimétrée, mais dans le sens que nous donnons aux choses et aux gens.

Bien choisir son but

Il faut être vigilant sur les raisons qui nous font élire un objectif plutôt qu'un autre. Les pressions extérieures, comme l'appât du gain, la famille, ou la culture ne sont pas de bonnes raisons. Car au final, l'objectif que nous poursuivons ne doit servir qu'une seule cause, être heureux.

S’engager à agir

Qui ne tente rien n’a rien.

Proverbe français

Témoignage

« Ma meilleure amie, Hélène, a toujours été très romantique, fleur bleue. Je ne sais pas à quoi c’est dû, peut-être à une enfance un peu esseulée : elle passait son temps à lire des contes, des histoires fantastiques, qui lui permettaient de s’évader de sa chambre, dans des rêves féeriques je suppose. Je la connais depuis longtemps : ses parents ont toujours été très occupés, et comme elle n’a jamais été une grande sportive (contrairement à moi qui ne supportais pas d’être assise pendant des heures), elle préférait rester dans sa chambre pour lire et songer à tout ce qu’elle pourrait faire quand elle serait enfin grande.

L’embêtant, c’est que maintenant qu’elle est adulte, elle est toujours comme ça : elle préfère rêver plutôt qu’agir dans la réalité. Par exemple, en ce qui concerne les mecs, elle attend que le prince charmant arrive pour l’emmener sur son blanc destrier, comme dans les contes de fées… Et j’exagère à peine ! Évidemment ça n’arrive jamais, et comme elle n’est pas capable de prendre l’initiative, elle laisse passer beaucoup de belles occasions. En plus elle est jolie, une beauté très délicate, et je ne compte plus les hommes qui aimeraient sortir avec elle, mais je crois qu’elle a peur que la réalité soit décevante par rapport à son rêve, et elle préfère s’accrocher à ce dernier plu-

tôt qu'affronter la vérité… Même au niveau professionnel, c'est un peu pareil. Elle attend que le bon poste vienne frapper à sa porte ! C'est moi qui lui ai trouvé son dernier job, et je sais bien qu'elle a dû le prendre parce qu'elle n'avait pas le choix, mais je sais aussi qu'elle n'y est pas heureuse. Pourtant quand je lui dis de se prendre en main… pff, elle a l'impression que je la critique ! Comment lui faire accepter qu'elle ne pourra jamais être heureuse si elle ne se bouge pas un peu ?

C'est ce que je ne comprends pas : moi, j'essaie toujours de trouver quelque chose à faire si je ne suis pas satisfaite de ce que j'ai ! Ça ne marche pas toujours, mais au moins j'essaie… Je crois que cela me rassure d'avoir l'impression de contrôler ma vie. Mais en revanche, si je m'engage dans quelque chose, je m'y engage à fond, jusqu'à ce que ce soit terminé, et j'en tire beaucoup de fierté. Je pense que cette philosophie de vie est plus porteuse de sens que le fait de s'engager à moitié, ou alors de tourner les talons dès qu'il y a une difficulté. Pour moi, chacun doit trimer dur pour y arriver, et à cœur vaillant, rien d'impossible. »

Françoise, 28 ans

Un peu de théorie

Le bonheur exige des efforts

Certaines personnes pensent que le bonheur est là et qu'il suffit de l'attendre. Elles aimeraient que leurs vies ressemblent aux contes de leur enfance, comme Hélène, la meilleure amie de Françoise. Telles des Blanche–Neige endormies, elles attendent que le Prince Charmant les embrasse, et les emmènent dans le royaume enchanté du bonheur éternel. Sans se rendre compte que ces contes véhiculent une image bien triste de la femme : soumise, attentiste, voire carrément bête, il serait peu judicieux de les prendre en exemple pour réussir sa vie !

En effet, être heureux n'est pas simple. Ou plutôt, être heureux est peut-être simple une fois que l'on a trouvé la clef, mais ce n'est certainement pas en attendant que cette dernière tombe du ciel que l'on peut ouvrir les portes du bonheur.

Être heureux, qu'est-ce que cela signifie, à la lumière de tout ce qui a été dit jusqu'ici ? Choisir et atteindre ses objectifs, avoir des relations positives avec son entourage, chercher à acquérir ce que l'on souhaite (de nouvelles connaissances, une maison plus grande, un poste qui nous convient), savourer ses succès (et donc réussir certaines tâches au préalable), savoir pardonner, prendre des risques, créer, montrer de la reconnaissance… Tout cela demande, exige, nécessite de l'énergie, de l'action ! Même pour savourer un coucher de soleil, il faut souvent avoir fait l'effort de trouver le lieu idéal, et d'y aller au bon moment…

De nombreuses études ont confirmé que c'est dans l'action que le bonheur se manifeste le plus. Cela permet notamment d'éprouver un sentiment de contrôle plus important, élément essentiel pour une bonne image de soi. Comment être heureux de façon durable si l'on pense ne rien contrôler dans sa vie ? Attendre que le bonheur arrive, c'est avoir une vision passive, déresponsabilisée, naïve de la vie. En outre, on risque de l'attendre bien longtemps…

L'engagement : le secret du bonheur ?

Agir oui, mais comment ? Le plus important est de s'engager de façon volontaire dans une ou plusieurs activités qui apportent du plaisir (émotion positive) et/ou de la satisfaction (pensée positive). En outre, plus l'engagement est fort et profond, plus le bonheur est affermi. Comme pour un couple, le bonheur repose sur la capacité à s'engager, à s'investir émotionnellement et psychologiquement dans une activité que l'on considère comme importante. C'est la raison pour laquelle il convient d'y réfléchir à deux fois avant de se lancer : est-ce que cette activité, cet objectif que je me suis fixé correspond à mes attentes, à mes besoins ? Que suis-je prêt à sacrifier pour parvenir à mes fins ?

De plus, le fait de s'engager dans des activités ou des relations enrichissantes procure souvent d'autres avantages connexes. Par exemple, si votre objectif est de passer un an en Chine parce que vous êtes passionné par ce pays, il vous faudra peut-être prendre des cours de chinois (ce qui sera déjà une compétence supplémentaire acquise), avec d'autres élèves et un professeur (qui pourront peut-être devenir des amis, ou vous donner de précieux conseils), etc. Peut-être allez vous aussi vous passionner pour la calligraphie, qui sera alors une occasion supplémentaire d'acquérir de nouvelles connaissances, de rencontrer de nouvelles têtes.

Enfin, le fait de s'engager dans quelque chose qui nous tient à cœur est extrêmement motivant. La motivation, cet élan qui nous fait accomplir de grandes choses, doit être nourrie et ne souffre pas les demi-mesures. Mettre à exécution les décisions prises nous met à l'abri des doutes : la motivation est aussi dans l'action, car une fois que l'on agit il est plus difficile de faire machine arrière… Et puis agir peut devenir grisant, surtout quand on voit les progrès faits, les changements opérés. Enfin, c'est dans l'action que la réflexion prend parfois tout son sens puisque nous mettons en pratique nos convictions…

À RETENIR

Le bonheur n'est pas dans l'attente

Certaines personnes attendent le bonheur toute leur vie, pensant avoir les yeux et les oreilles grands ouverts pour l'accueillir. Mais être ouvert au bonheur ne suffit pas, il faut savoir provoquer la chance et prendre le risque de vivre pour avoir droit à sa part de bonheur.

S'engager dans des activités choisies et gratifiantes

Cela peut paraître évident, mais être heureux, c'est un engagement de soi tout entier ! Et un engagement de soi nécessite une réflexion au préalable, pour s'engager en toute lucidité. Mais une fois que l'on se lance, il ne faut pas hésiter à « y aller à fond » ! Le bonheur ne supporte pas la demi-mesure…

Rester motivé

Des obstacles au bonheur, il y en a toujours. Mais rester à se morfondre dès qu'une difficulté apparaît n'est certainement pas la solution à privilégier. Atteindre le bonheur et agir pour cela nécessite une motivation de tous les jours et c'est souvent dans l'action que l'on trouve la motivation…

À chacun son bonheur

« Le bonheur ne se veut pas tout fait, mais sur mesure. »

André Gide

Témoignage

« Mes parents sont l'image type du bonheur. Ils sont mariés depuis trente ans et dorment toujours dans le même lit, quand tant de couples font lit à part. Mon père pince toujours les fesses de ma mère quand il arrive après le travail, et elle glousse toujours autant quand il l'embrasse dans le cou… D'ailleurs ils s'embrassent encore comme de jeunes mariés, ça me met parfois mal à l'aise. Et ils se donnent des noms tellement "cucul la praline" que ça en devient ridicule…
Ce qui est marrant, c'est que tous mes amis, la famille, envient mes parents, ou aimeraient avoir des parents comme eux. Beaucoup de mes amis ont des parents divorcés, et ne voient que leur mère ou leur père, ou ont des familles recomposées quelquefois difficiles à vivre. Ils me disent tous que j'ai une chance incroyable de vivre dans une famille si unie avec des parents si aimants…
Le problème, c'est que moi ça me fiche la pression. Avoir des parents si amoureux l'un de l'autre, déjà, ça peut donner l'impression d'être exclue de cette relation, de passer seulement en second, impression que j'ai souvent eue plus jeune, même si je sais que c'est une réaction normale pour tout enfant (qui est par essence égocentrique et donc peu partageur). Ce que je veux dire, maintenant, c'est qu'avoir cette publicité permanente pour le bonheur sous les yeux, ça me met

encore plus de pression sur les épaules. Et si moi je ne trouvais pas mon âme sœur ? Et si moi je n'étais pas aussi heureuse ? Et si moi je n'avais tout simplement pas envie de vivre ce genre de vie ?
Je suis assez secrète et pudique de nature, très indépendante, et je n'ai pour le moment aucune envie de fonder une famille, de m'attacher, de prendre racine quelque part. J'aimerais être journaliste d'investigation, voyager dans des pays en guerre, prendre des risques, vivre des choses intenses, avoir une vie d'aventurière en somme…
Et je suis convaincue qu'une vie comme celle de mes parents, dans un pavillon avec un mari, un chien, un break et des enfants, ça ne me correspondrait pas, bien que ce soit l'image du bonheur que j'ai toujours eue, et que j'ai dû graver dans mon disque dur interne. Parce que je sais en plus que l'on peut très bien être heureux comme ça…
Alors je ne leur en veux pas d'être heureux, bien sûr, mais j'aimerais parfois qu'ils laissent apparaître quelques failles pour que je puisse enfin me dire que ce ne sont pas des extraterrestres ! »

Aniça, 26 ans

Un peu de théorie

La faute des médias, de la culture, de l'époque ?

Qu'il est difficile actuellement de se soustraire aux diktats d'une époque où le bonheur est obligatoire ! Nous n'avons jamais été si libres et pourtant si esclaves de pressions titanesques provenant de toutes parts, nous engageant à être heureux pour participer à cette merveilleuse société qu'est la société moderne.
Et pourtant, qu'il est bon de lâcher prise ! Il est en effet plus que nécessaire d'arrêter de se mettre la pression parce qu'on ne correspond pas aux canons du bonheur actuel. Ce n'est pas parce que vous n'êtes pas

l'image de l'homme / la famille / la femme parfait(e) que vous n'avez pas le droit d'être heureux ! On nous demande d'être tellement parfaits que les exigences en deviennent irréalistes... La publicité, certains films et la culture en général nous mettent face à certaines règles qui ne peuvent pas être respectées, parce qu'elles demandent trop ou tout simplement parce qu'elles se contredisent.
En effet, sous couvert de prôner la liberté, la modernité ou l'égalité, les règles deviennent de plus en plus tyranniques, que ce soit au travail, dans le couple ou au sein de la famille. Les femmes doivent être de bonnes mères de famille, des employées disponibles à tout moment pour « booster » leurs carrières, des amantes douces et sexy, toujours prêtes pour tenter de nouvelles expériences (décrites longuement dans les magazines féminins et masculins)... Mêmes les hommes, dans leur hégémonie pourtant millénaire, n'échappent pas au phénomène : ils doivent se montrer masculins et compréhensifs, professionnellement agressifs mais pères de famille impliqués, galants mais pas machos, élégants mais pas efféminés... Dans ces conditions, comment arriver à ménager la chèvre et le chou ?

Faire des choix selon ses valeurs et sa personnalité

Si on ne peut faire tout ce qui est recommandé, il faut alors choisir, et se poser plusieurs questions. Dans quels domaines pensez-vous avoir le plus de progrès à faire ? Qu'est-ce qui est véritablement important pour vous ? Dans quoi voulez-vous dépenser de l'énergie ? Quelles sont les choses qui peuvent vous apporter le plus de bonheur selon vous ? De plus, nous avons tous des personnalités différentes, et il est inutile de vouloir tout changer en même temps : si l'on est introverti, inutile de vouloir du jour au lendemain faire un bain de foule, car se mettre en situation d'échec ou de malaise important est la meilleure façon d'abandonner très vite ses bonnes résolutions. Il est préférable de se fixer de petits objectifs à sa mesure : aller boire un verre une fois par semaine avec ses collègues en petit comité est déjà un premier pas qui, s'il réussit, sera un bon présage pour le second.

Ne pas toujours écouter les livres de développement personnel !

Avoir du recul sur ce genre de lecture et ne pas tout prendre au pied de la lettre est important. Ces livres (on inclut celui que vous tenez présentement), sont écrits pour le plus grand nombre, et sont forcément généralisants. Il est préférable d'essayer de mettre en œuvre ce que l'on pense le mieux comprendre, mais il est inutile, voire même démotivant de vouloir tout appliquer tout de suite. En revanche, si vous voulez appliquer certains conseils, il est crucial de le faire tout de suite, car sinon le risque est de ne jamais le faire…

Et puis… Malgré les bonnes intentions et les conseils précieux du livre que vous tenez entre les mains, et malgré la volonté de chaque lecteur pour être plus heureux, il peut s'avérer que cela ne suffise pas pour retrouver le sourire. C'est déjà un pas important de réfléchir à soi, à ses réactions, aux raisons qui font que vous ressentez le besoin de lire ce livre. Mais il peut être utile de continuer le travail d'introspection en consultant un thérapeute, qui puisse véritablement vous aider à appliquer dans la vie quotidienne certains principes, et qui vous accompagne physiquement et psychologiquement dans cette démarche. Le bonheur est parfois tout près, il suffit de faire quelques pas…

À RETENIR

Le bonheur n'est pas un stéréotype

Nous avons tous un bonheur qui nous correspond. Celui véhiculé par les médias, la culture ou la famille peut être une inspiration, mais ne doit en aucun cas devenir une obligation. Il est important de prendre du recul par rapport aux stéréotypes communiqués autour de nous. Nous ne sommes ni des clones ni des robots.

Agir selon ce que l'on est

Pour certains, le bonheur ce sera de buller sur une plage déserte, pour d'autres ce sera de faire du shopping à New York. Quelle différence entre les deux ? La personnalité, les envies, les besoins, les priorités propres à chaque personne. Ces facteurs changent selon l'âge, le sexe, le niveau socioculturel de chacun, et il est dommage de s'accrocher à des besoins qui ne sont pas vraiment les siens…

Le bonheur

Vous seul pouvez décider de votre vie…

Alors finalement, qu'est-ce que c'est que le bonheur ? Un mélange de sens, de plaisirs, d'émotions, d'actions, de sentiments positifs. Mais comment pourrait-on résumer ce concept en quelques lignes ? Quel est le fil rouge des conseils donnés dans ce livre ?

Chercher le bonheur et l'atteindre, c'est avant tout prendre les rênes de son destin. C'est penser que le bonheur doit être construit. Chercher le bonheur, c'est être actif, provoquer la chance, faire des efforts, se battre. Corneille écrivait : *« À vaincre sans péril, on triomphe sans gloire. »* Le bonheur est ainsi : les efforts faits pour l'atteindre l'augmentent au centuple.

Alors oui, tout se joue au quotidien, pas à pas, laborieusement. Essayer de voir la vie du bon côté, sans verser dans un aveuglement béat. Repenser certains modes de fonctionnement énergivores. Nourrir le présent de son passé sans plomber le futur… Tout cela se fait au jour le jour, patiemment, et les petites victoires sont autant à prendre en compte que les grandes, car il n'y a pas de petits et de grands bonheurs : tous participent au plaisir de continuer malgré les obstacles, les orages, les limites que l'on se pose ou qui jalonnent notre chemin…

Car, plus que tout le reste, l'important est d'accepter… l'imperfection. Nous sommes tous imparfaits. La vie l'est aussi… et alors ? Le bonheur n'est pas un roman à l'eau de rose. Le malheur existe, ainsi que la méchanceté, la maladie, les catastrophes naturelles. Cela ne nous empêche pas, jour après jour, de chercher l'amour, de profiter de nos amis, de faire du bon travail, d'élever des enfants, de regarder des couchers de soleil, de rire… Profiter de tous ces petits plaisirs, n'est-ce pas déjà faire beaucoup ? Pour la majeure partie d'entre nous, c'est souvent l'accumulation de chacun de ces petits détails (plus que la réalisation d'une grande et magistrale œuvre) qui, à la fin d'une vie, font penser qu'on l'a bien remplie…

La solution est en vous.

EDITIONS ESI
60, rue Vitruve, 75020 Paris

Imprimé en Espagne par Graficas Jomagar SL à Madrid

ISBN : 978-2-35355-621-2 - N° Sofédis : S455160